GERRITJE KRIEGER

Die Mops Monologe

Buch

Die freie Journalistin und Autorin Gerritje Krieger und Eddie, der Mops, fanden 2010 in einem Tierheim im Bergischen Land zueinander. Gerritje hatte eigentlich nach einem mittelgroßen Mischlingshund Ausschau gehalten, Eddie nach einem Frauchen, das seine Antipathie gegenüber Katzen teilt. Als sie einander begegneten, war es dennoch Liebe auf den ersten Blick. Seither leben sie – zusammen mit Gerritjes Mann und der 22-jährigen Katze – in ihrem verwunschenen Häuschen mitten im Grünen, wo Gerritje inzwischen von Eddie die mopsige Gelassenheit, Eddie dafür von Gerritje die Liebe zum Schreiben übernommen hat. Seit Sommer 2012 diktiert er ihr wöchentlich seine Gedanken zum Weltgeschehen, die jeweils freitags auf ihrer Homepage veröffentlicht werden. Inzwischen hat „Eddie's Weekly – hundsgemein(t)e Mopskolumnen" ungezählte Leser gefunden, und auch auf Facebook und Twitter unterrichtet Eddie seine Freunde jeden Tag über seine Abenteuer. Mit „Die Mops Monologe" liegen die ersten 30 Folgen seiner Kolumne nun erstmals als Buch vor.

Eddie Mops im Internet

www. facebook.com/EddiesWeekly.Mopskolumnen
www.twitter.com/EddieMops
www.gerritjekrieger.jimdo.com

Gerritje Krieger

DIE MOPS MONOLOGE

30 lustige Kolumnen

mit

Eddie, dem Mops

Die Mops Monologe
Gerritje Krieger

Taschenbuchausgabe
Erste Auflage, Juni 2013

Covergestaltung: Gerritje Krieger
Coverfoto & Fotos im Innenteil: © Gerritje Krieger
Lektorat: Heike Pohl

Hinweis: Die Inhalte dieses Buchs sind grundsätzlich satirischer Natur und keinesfalls als Ratschläge oder Handlungsempfehlungen zu sehen.

Kontakt:
E-Mail: gerritje71@googlemail.com
Homepage: www.gerritjekrieger.jimdo.com
Printed in Germany
by Amazon Distribution GmbH, Leipzig

ISBN-13: 978-1490416984
ISBN-10: 1490416986

Inhaltsverzeichnis

1. Tag auch

Tag auch.

Ich denke, ich stelle mich Ihnen erst mal vor. Mein Name ist Eddie. Ich habe noch ein paar andere Namen, die mit einer Menge blauem Blut und "von" und "zu" und so zu tun haben, aber ich bin da nicht pingelig: Sie können mich ruhig duzen. Macht ja sonst auch jeder.

Wie Ihnen aufgefallen ist, bin ich ein waschechter Mops und verfüge dadurch über die bisweilen ausgesprochen nützliche Fähigkeit, wildfremde Frauen allein durch meinen Anblick binnen Sekunden zu Teenagern mutieren zu lassen und ihnen verzückte "Aaaah"-, "Ooooh"- und "Bist du süüüß"-Laute zu entlocken, als wäre ich Justin Bieber oder einer der Typen von Tokio Hotel. Ich persönlich finde das meistens ganz lustig. Ganz ehrlich: Wer will es ihnen denn auch verübeln, ich bin eben einfach ein saucooler Typ.

Frauchen dagegen ist wenig begeistert davon, dass sie seit meinem Einzug keine 20 Meter mehr in der Fußgängerzone zurücklegen kann, ohne dass wildfremde Menschen vor uns in die Hocke gehen und mich überschwänglich begrüßen und herzen. Mal unter uns: Ich habe die starke Vermutung, dass sie einfach nur neidisch ist. Aber das gehört jetzt nicht hierher.

Jedenfalls kam sie neulich auf die glorreiche Idee, ich könne für mein in der Tat nicht ganz günstiges Hundefutter ruhig ein bisschen Einsatz zeigen. Tja, und hier bin ich nun. Wie gesagt: Tag auch.

Selbstverständlich schreibe ich diese Zeilen nicht selbst, aber das können Sie sich vermutlich denken. Ich habe es versucht, ehrlich, aber meine Feinmotorik ist wirklich nicht die beste und bei meinem wilden Getapse auf der Tastatur kam nur unleserlicher Kram raus, den ich Ihnen lieber erspare. Also diktiere ich meine geistigen Ergüsse ab sofort Frauchen, die diesen kreativen Prozess selbst wohl etwas anders darstellen würde.

“Ich bin doch nicht deine Tippse”, würde sie vermutlich sagen und genervt die Augen gen Himmel verdrehen. Aber es ist nun mal, wie es ist, und ich finde ja, man muss zu seinen Lesern grundsätzlich ehrlich sein. Ich meine, wie sollen Sie denn Vertrauen zu mir aufbauen, wenn ich Ihnen gleich am Anfang eine faustdicke Lüge auftische? – Na, eben. Also: Ich diktiere, sie schreibt. Und wenn sie sich auf den Kopf stellt.

Womit wir auch schon bei einem für mich zentralen Thema wären: Die Machtverhältnisse bei uns zu Hause sind noch immer nicht völlig geklärt. Obwohl ich jetzt schon seit zwei Jahren bei ihr wohne und sie täglich vom Gegenteil überzeuge, hält Frauchen an der abwegigen Theorie fest, dass sie unter uns beiden der Chef sei. Ich gebe Ihnen mal ein Beispiel, damit Sie sich ein besseres Bild von der Lage machen können. Ich springe aufs Bett, mache es mir zwischen den Decken bequem und halte selig ein Schläfchen. Sie kommt rein, setzt eine strenge Miene auf, zeigt dann mit dem Zeigefinger auf den Boden und sagt: “Runter!” – Ich werfe ihr einen herablassenden Blick zu, der so viel heißt wie: „Pfff.“

Interessiert sie aber nicht. Sie bringt es fertig, fünf Minuten vorm Bett zu stehen und 20 Mal “Runter!” zu sagen, bis ich ihr den Gefallen tue – nur um zwei Minuten später wieder hochzuhüpfen. Ganz unter uns: Wo liegt da der Sinn? Wirklich, ich muss ihr noch beibringen, mich nicht ständig zu nerven.

Frauchen hat übrigens auch einen Mann, der bedeutend klüger ist als sie, weil er innerhalb weniger Tage nach meinem Einzug kapiert hat, dass ich von uns beiden den stärkeren Willen habe. Seither lässt er mich gewähren, was ihm immer wieder Ärger mit Frauchen einbringt. Ich rechne jeden Tag damit, dass sie ihn irgendwann zur Strafe auch vom Bett schmeißt.

Die einzige wirklich ernstzunehmende Autorität im Haus – außer mir, versteht sich – ist die Katze. Sie ist steinalt, ungefähr 200 oder so, und man sollte meinen, sie segne langsam mal das Zeitliche. Macht sie aber nicht. Stattdessen führt sie sich auf wie höchstens fünf und findet es ungeheuer spaßig, sich mindestens einmal pro Tag an mich heranzupirschen, auf mich zu springen und ihre Krallen in meinem Mops sei Dank dicken Fell zu versenken. Ich sage es Ihnen ehrlich, wie es ist: Katzen sind durch und durch bescheuert.

Aber dazu mehr nächste Woche.

Mit mopsigen Grüßen,

Ihr Eddie

2. „Weltkatzentag“ – sonst noch was?!

Tag auch.

Es gibt ja wirklich eine ganze Menge Sachen, auf die ich gut und gern verzichten kann: Regen zum Beispiel. Wasser überhaupt (es sei denn als Getränk). Oder wenn Frauchen mit diesem unsäglichen Ohrreiniger anrückt.

Doch was ich jetzt gehört habe, setzt allem die Krone auf. Gestern nämlich war – halten Sie sich fest – „Weltkatzentag“. Jetzt mal ganz ehrlich: Geht’s noch? Kann es irgendwas Sinnloseres und Überflüssigeres geben, als diesen garstigen Zeitgenossen auch noch einen eigenen Ehrentag zu verpassen?

Also, auf die Gefahr hin, mich zu wiederholen: Katzen sind durch und durch bescheuert.

Ja, ja, ich höre schon, wie die Katzenfreunde unter Ihnen jetzt entsetzt ausrufen: „Aber nein! Katzen sind bezaubernde, sanftmütige und ganz wunderbare Wesen, die man einfach lieben muss!“ – Aber im Ernst: Ich bitte Sie. Halten Sie doch mal einen Augenblick inne und betrachten wir das Ganze von der logischen Seite.

Ich persönlich habe ja nun das zweifelhafte Vergnügen, mit einem dieser Exemplare unter einem Dach zu wohnen (an dieser Stelle: danke dafür, Frauchen). Und da mich diese ganze „Ich hab ja so ein samtig-weiches Fell und so wunderschöne Augen“-Nummer komplett unbeeindruckt lässt, bin ich imstande, die Pros und Contras objektiv gegeneinander abzuwägen.

Also. Auf der Pro-Seite hätten wir – genau: nichts. Nada. Niente. Absolut null.

Auf der Contra-Seite steigen wir mal mit einem Beispiel ein, wie es den Charakter dieser reizenden Geschöpfe nicht besser illustrieren könnte. Kennen Sie diese Facebook-Fotos? – Nebeneinander auf dem Boden sehen Sie zwei Körbchen, ein kleines (für die Katze) und ein großes (für die Deutsche Dogge, einen Irischen Wolfshund oder einen Hund ähnlichen Ausmaßes). Wo liegt auf diesen Fotos die Katze? – Genau: wohlig ausgestreckt im Hundekörbchen, in dem bequem noch ihre gesamte hundertköpfige Verwandtschaft Platz hätte. Und die Dogge? – Vertrieben, unglücklich, unnatürlich verrenkt und mit verzweifeltem Blick in dem winzigen Ding, das eigentlich für die Katze vorgesehen war.

Für Katzen ist so was absolut typisch. Unsere etwa kann bestimmten Dingen – wie etwa einem Sofakissen – monatelang nicht die allergeringste Aufmerksamkeit schenken. Sobald ich allerdings beschließe, es mir nun auf eben diesem bislang völlig unbeachteten Sofakissen gemütlich zu machen, können Sie sicher sein, dass Frau Kratzbürste binnen fünf Sekunden auf der Matte steht.

Als erste Strafmaßnahme wirft sie mir in solchen Situationen einen Blick zu, der klar signalisiert, dass sie an meiner geistigen Zurechnungsfähigkeit zweifelt – als läge ich nicht harmlos auf einem Sofakissen, sondern hätte gerade in einem gepunkteten Glitter-Anzug auf der Fensterbank

Lambada getanzt. Wenn ich darauf nicht angemessen reagiere (sprich: mich verziehe), scheut sie auch vor körperlicher Gewalt nicht zurück.

Das alles wohlgemerkt nicht, weil sie das Sofakissen wirklich *wollen* würde. Nein, es genügt ihr vollauf klarzustellen, dass *ich* es *nicht* zu wollen habe. Sobald ich mich getrollt habe, ist sie zufrieden und zieht ihrer Wege.

Übrigens können Sie „Sofakissen" an dieser Stelle auch getrost durch jedwede andere Schlafgelegenheit ersetzen – durch eine beliebige Ecke auf dem Wohnzimmerboden etwa oder auch durch mein eigenes Körbchen. „Schlafgelegenheit" wiederum dürfen Sie, ganz nach Gutdünken, austauschen gegen Spielzeug, Wasser- und Fressnäpfe oder einfach gegen jede Form von Aufmerksamkeit.

Und falls Sie jetzt einwerfen wollen: „Gut, so verhalten sich Katzen vielleicht gegenüber Hunden, aber doch nicht gegenüber Menschen". – Nein. Sie irren sich. Zu Menschen sind Katzen keinen Deut netter. Sie suchen sich grundsätzlich nur dann die Computertastatur als Liegeplatz aus, wenn Menschen auf selbiger schreiben wollen. Sie lassen sich nur streicheln, wenn ihnen danach ist. Und auf dem Kopfkissen im Bett beanspruchen sie – obwohl das physikalisch unmöglich ist – grundsätzlich den Platz eines ausgewachsenen Bernhardiners (ich wäre im Gegensatz dazu übrigens mit einer winzigen Ecke am Fußende zufrieden, aber nein, mich lässt man ja nicht ins Bett...).

Es wird mir auf ewig ein Rätsel bleiben, warum Menschen (und Frauchen bildet da leider keine

Ausnahme) auch noch mit verzückter Dankbarkeit reagieren, wenn so ein Katzen-Tier sich ausnahmsweise mal von sich aus dazu herablässt, sich berühren zu lassen.

Aber ich bleibe dran. Irgendwann löse ich auch dieses Rätsel – hoffentlich, bevor die Katzen ihren heimtückischen Plan zur Erlangung der Weltherrschaft in die Tat umsetzen.

Mehr nächste Woche.

Mit mopsigen Grüßen,

Ihr Eddie

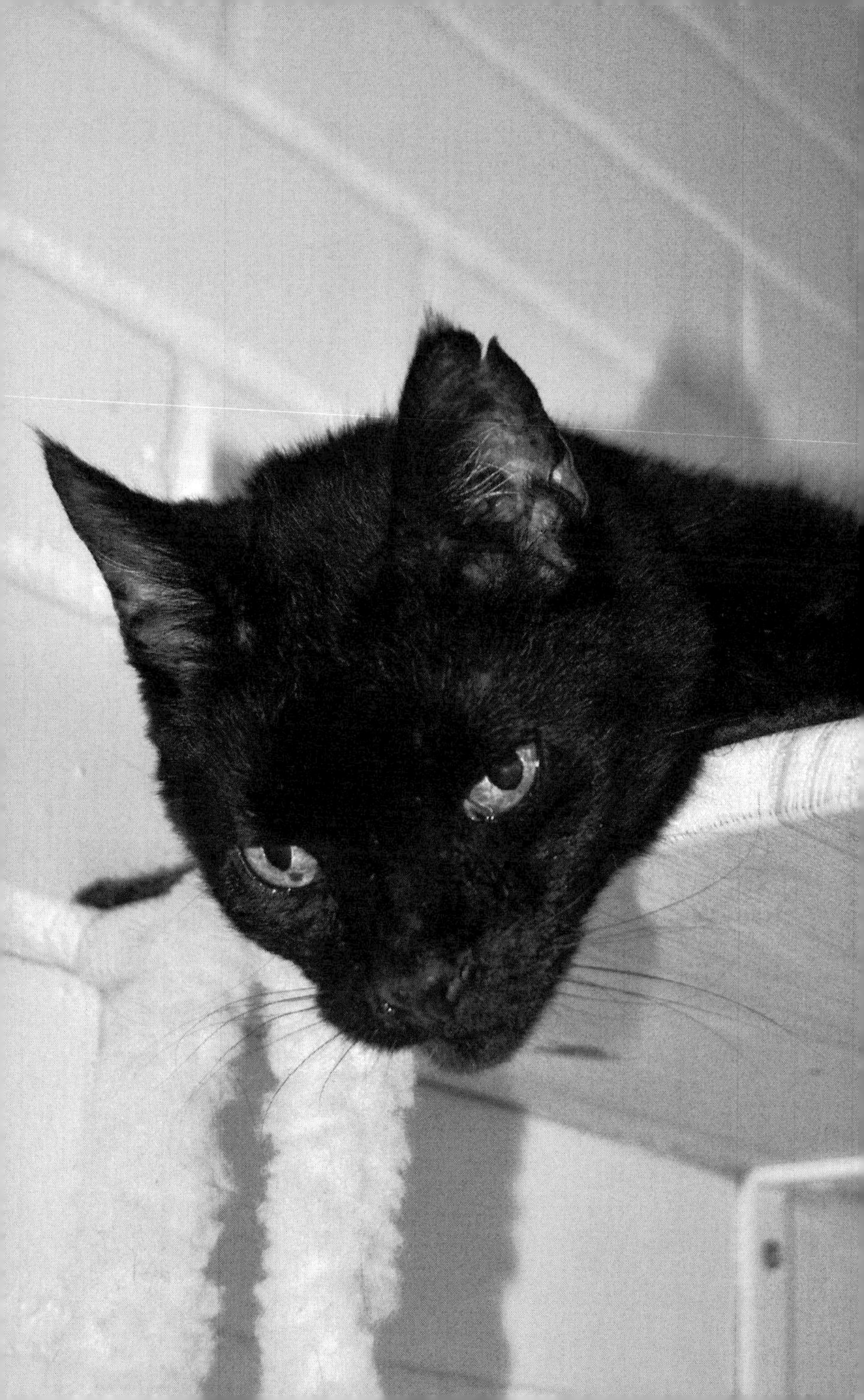

3. Auf der Flucht

Tag auch.

Dieser Sommer ist die Pest.

„Wieso denn das?“, fragen Sie sich jetzt wahrscheinlich und finden, dass doch alles ganz wunderbar ist. Traumhafter Sonnenschein und so. Ja, ja.

Habe ich ja auch gar nichts gegen. Ich schätze es durchaus, bei warmen Temperaturen ein kleines Schläfchen auf der Veranda zu halten, wenn sich die Gelegenheit ergibt. Aber in diesem Jahr komme ich mir vor, als befände ich mich auf einem Mops-Hindernisparcours und sei ständig auf der Flucht.

Vor was? – Na, vor Wasser.

Es soll ja Hunde geben, die Wasser für eine super Sache halten. – Mir schleierhaft. Ich hasse Wasser, in welcher Form auch immer. Hin und wieder lässt es sich nicht umgehen, welches zu trinken. Aber ansonsten vermeide ich die Konfrontation mit diesem Element, wo immer ich kann.

Ich umrunde Pfützen in großzügigen Bögen. Ich halte von Bächen, Seen und weiteren glitschigen Angelegenheiten einen gesunden Sicherheitsabstand von nicht weniger als fünf, besser aber acht Metern. Wenn ich irgendwo einen Gartenschlauch erblicke, sehen Sie mich nur noch von hinten. Und wenn ich bei uns im Bergischen aus dem Haus komme und wittere, dass es irgendwo in einem Radius von fünf Kilometern gerade nieselt, drehe ich mich gleich um und gehe wieder rein.

Normalerweise funktioniert das ganz gut. Diesen Sommer allerdings artet das Ganze wirklich in Stress aus.

Es fing alles im Frühjahr mit dieser unsäglichen Buddelei von Frauchen und Herrchen im Garten an. Tagelang habe ich mir angeguckt, wie sie im Matsch rumwühlten, das Zeug gleich schubkarrenweise abtransportierten und dabei aussahen wie die Erdferkel. Klar habe ich mich gefragt, was sie da treiben. Und wieso sie dieser seltsamen Freizeitbeschäftigung ausgerechnet auf dem wunderbaren Grünstreifen gleich vor der Haustür nachgehen müssen, der eigentlich bislang *meiner* war. Sie wissen schon: Falls ich nachts mal schnell vor die Tür muss und so. Aber da ahnte ich ja noch nicht, was mir bevorstand.

Irgendwann waren sie mit der Wühlerei endlich durch. Und was musste ich sehen, nachdem ich die beiden mal ein paar Stunden unbeaufsichtigt im Garten gelassen hatte? – Wasser. Das ganze Loch war voller Wasser. Ich dachte, das sei ein Versehen – Rohrbruch, biblische Sintflut, irgendwas in der Richtung. Aber nein. Die beiden waren auch noch verzückt von dieser gigantischen Pfütze und nannten sie „Teich".

Nicht genug, dass ich mich seither an der Hauswand entlangdrücken muss, um in den noch verbliebenen Teil des Gartens zu kommen – und selbst das unter starker Verringerung meines sonstigen Sicherheitsabstands zu solchen Tümpeln, denn zwischen Teich und Hauswand liegen höchstens drei Meter. Nein, ich durfte auch noch wochenlang die ständige Nerverei von Frauchen und Herrchen ertragen, die regelmäßig versuchten, mich an das Ufer dieser nassen Unsäglichkeit zu locken und mir mit Leckerchen und gutem Zureden die ewige Rumhängerei auf dem neuen Mini-Sonnendeck am Teich schmackhaft machen wollten. Aber nicht mit mir – ich blieb hart. Im Ernst jetzt: Die spinnen doch.

Als es gegen Ende des Frühlings kühler wurde und Frauchen ihre Angewohnheit, draußen am Teich zu schreiben, vorübergehend aufgab, atmete ich auf.

Doch es kam noch schlimmer. Es wurde nicht nur kühl. Es wurde nass. Es regnete. Und das nicht nur einen Tag oder zwei. Nein, es regnete sieben lange Wochen. Ich erwähnte bereits, dass ich bei solchen Gelegenheiten jegliches Verlassen des Hauses strikt verweigere. Ich erwähnte nicht, dass dem der Dickschädel von Frauchen entgegensteht, die der fragwürdigen Ansicht ist, dass ich Bewegung und frische Luft brauche. Bei jedem (!) Wetter.

Und weil die Wasserberieselung von oben einfach nicht aufhörte, wurde ich gegen meinen Willen nach draußen gezwungen. Bei Regen. Mehrfach. Über Wochen.

Es war grauenvoll. Das Wasser war überall. Zwischen meinen Zehen, hinter meinen Ohren. Ich sage Ihnen: Wäre ich geschwommen – was mir selbstverständlich fern liegt –, ich hätte nicht nasser sein können.

Als ich schon kurz davor stand, den bislang unbekannten Evolutionsschritt vom Mops zur Amphibie in der rekordverdächtigen Zeit von nur zwei Monaten zu vollziehen, klarte es endlich auf. Die Sonne kam wieder raus. Und angesichts der erschütternden Erlebnisse der letzten Wochen kam mir selbst die Aussicht darauf, dass wir nun wieder am Teich sitzen würden, wie Urlaub vor.

Aber nein. Es wurde nicht warm. Es wurde heiß. Sie wissen schon: die Art von heiß, bei der Menschen die Nähe des Wassers geradezu suchen.

Irgendwer oder irgendwas ist bei uns seither immer nass – sei es, weil die Blumen gewässert werden müssen (was unschöne Pfützen überall auf den Steinplatten im Garten hinterlässt), weil irgendwer mit patschnassen Füßen durch die Gegend marschiert, nachdem er sich selbige im Teich gekühlt hat, oder weil die neue Gartendusche einfach nicht oft genug benutzt werden kann.

Sie sehen, mein Mops-Leben gleicht aktuell einem Alptraum. Der einzige Lichtblick in dieser für mich düsteren Zeit war bislang die Aussicht darauf, dass wir irgendwann in den Urlaub fahren. Es kann ja nur besser werden, dachte ich. Bis ich erfuhr, wo es hingehen soll. Natürlich: ans Meer.

Ich bin verzweifelt. Sollten Sie jemanden kennen der – sagen wir mal – in einer Berghütte wohnt, in einer Region mit gemäßigten Temperaturen und wenig Niederschlag, fernab von Seen, Teichen und Bächen, ohne Gartenschläuche, -duschen, Planschbecken und sonstige Inkarnationen des Bösen, bitte: Lassen Sie es mich wissen. Ich gebe die Hoffnung nicht auf, dass ich diesen geplanten Meerurlaub noch irgendwie abwenden und Frauchen und Herrchen für ein anderes Ziel begeistern kann.

Vielleicht ist ja irgendwo in einer ausgedienten Bärenhöhle noch ein Plätzchen für uns frei. Bären sollen für gemütliche und – vor allem – trockene Plätze ein hervorragendes Gespür haben, habe ich gehört. Mal schauen, ob so was unter den Apartment-Vermietungen im Internet zu finden ist – ich bleibe dran.

Mehr nächste Woche.

Mit mopsigen Grüßen,

Ihr Eddie

4. Verbannt von Tisch und Bett

Tag auch.

Neulich lief im Fernsehen wieder eine dieser Hunde-Erziehungs-Shows. Ich habe ja immer totales Mitleid mit meinen Kumpels, wenn ich so was sehe. Ich meine, mal ernsthaft: Wenn die Glück haben, läuft es ja noch halbwegs gut und sie werden mit Unmengen von Leckerchen vollgestopft, um irgendwas total Simples zu machen. Sich hinzusetzen, zum Beispiel. Ich kriege für so was ja keinerlei Bonus-Häppchen. Überhaupt geizt Frauchen damit ganz schön rum, weil sie meint, auf meine Linie achten zu müssen. Völliger Blödsinn. Ich bin überhaupt nicht dick – mein Fell ist einfach nur zu groß für meinen schlanken Körper.

Jedenfalls verstehe ich nicht, was dieser ganze Erziehungskram überhaupt soll. Ehrlich: Inzwischen kenne ich Hunde, die an einer profunden Identitäts-Störung leiden, weil sie Worte wie „Nein!“ oder „Aus!“ zehnmal häufiger zu hören kriegen als ihren eigenen Namen...

Davon mal ganz abgesehen, sind ja die meisten der bedauernswerten Kollegen, denen so ein Erzieher auf den Hals gehetzt wird, schon längst erwachsen. Wie fänden Sie das, wenn da nun plötzlich jemand anfinge, permanent an Ihnen rumzumäkeln?

Übertragen wir das Ganze doch mal auf Sie – ja, genau, *Sie*: Jahrelang haben Sie sich abends beim Fernsehen nach Herzenslust auf dem Sofa breitgemacht und im Bett ganz selbstverständlich ein eigenes großes Kopfkissen nur für sich beansprucht.

Beim Abendessen haben Sie stets gern noch einen Nachschlag genommen und sich tagsüber im Garten regelmäßig mit dem Nachbarn in den Haaren gehabt, weil der seinen Müll viel zu nah an Ihrem Zaun abstellt. Und kein Schwein hat was dagegen gesagt. Alles paletti.

Und dann, von einem Tag auf den anderen, marschiert da irgendein Fremder ins Haus und will Ihnen verklickern, dass der Hase jetzt anders läuft. Sofa und Bett sind für Sie ab sofort tabu, und wenn Sie einen Film oder Ihre Lieblingsserie gucken wollen, müssen Sie das vom harten Steinfußboden im Wohnzimmer aus tun. Pennen? – Klar, *neben* dem Bett, bitteschön.

Mit dem Nachbarn dürfen Sie sich auch nicht mehr streiten – völlig egal, was er macht. Und wenn er eine ganze Mülldeponie direkt vor Ihrem Gartenzaun platziert oder das Zeug gleich auf Ihren Rasen schmeißt: Sie haben hübsch freundlich zu lächeln und die Klappe zu halten. Und Essen? Drei regelmäßige Mahlzeiten am Tag? – Nix da. Essen fällt aus. Essen gibt es nur noch in winzigen Häppchen – und zwar immer dann, wenn Sie auf Befehl irgendwas richtig machen. Sich auf Kommando flach auf den Boden legen zum Beispiel (wofür eigentlich?). Oder in völligem Schweigen und Nichtstun verharren, falls es an der Tür klingelt. Geben Sie's zu: Wenn das bei Ihnen einer versuchen würde, würden Sie ihn ja auch fragen, ob er noch ganz sauber tickt, oder?

Manchen Hunden erlaubt man ja ohnehin auch nicht die allergeringste Kleinigkeit. Zum Beispiel hab ich schon gehört, dass einigen sogar verboten wird, an Menschen hochzuspringen. – Hallo?! Ich meine: Nehmen Sie mal mich. Ich habe eine Schulterhöhe von ungefähr 32 Zentimetern, so mehr oder weniger. Können Sie mir vielleicht mal sagen, wie ich an Frauchens Hände kommen sollte, um zu sehen, ob sie da was zu essen drin hat, ohne an ihr hochzuspringen? Soll ich mir Flügel wachsen lassen und elfengleich in die Lüfte schweben oder wie?

Na, also. Sie sehen nun hoffentlich, dass dieser ganze Erziehungswahn selbstverständlich völliger Quatsch ist. Das muss ich jetzt nur noch Frauchen verklickern. Die kriegt nämlich auch immer so einen seltsam bestimmten Gesichtsausdruck, wenn im Fernsehen eine dieser Sendungen läuft. Und manchmal flüstert sie dann mit Herrchen und wirft mir komische Seitenblicke zu. Ich ahne Schreckliches.

Nur gut, dass ich jetzt meine eigene Kolumne habe. Falls Frauchen auf irgendwelche schrägen Einfälle kommen sollte, rufe ich hier ruckzuck eine Petition ins Leben und mobilisiere Menschen, die vor unserem Haus lautstark für meine Rechte demonstrieren. Ich kann doch auf Sie zählen, oder?

Mehr nächste Woche.

Mit mopsigen Grüßen,

Ihr Eddie

5. Urlaub, Teil 1: Überraschender Auftakt und meine Rebellion gegen die Kleiderordnung

Tag auch.

Nun komme ich endlich mal dazu, Ihnen von meinem Urlaub zu erzählen.

Wie Sie wissen, war ich bei der Aussicht auf zehn Tage am Meer wenig begeistert. Nasse Füße und Sand überall sind ja nun gar nicht meins. Aber ich bin ein tiefenentspannter Typ. – Nachdem Frauchen sich von meinem Vorschlag, ein trockeneres Urlaubsziel zu wählen, nicht hatte überzeugen lassen, harrte ich also trotz allem relaxt der Dinge, die da kommen würden. So schlimm konnte es ja nicht werden, dachte ich mir. Schön ausschlafen, jede Menge faulenzen und hin und wieder ein netter Spaziergang.

Ich ahnte nicht, wie sehr ich mich täuschte.

Schon drei Tage vor der Abreise startete der Total-Stress. Das Auto wurde gepackt, als würden wir für ein fünfmonatiges Forschungsprojekt nach Alaska reisen. Und irgendwie kamen mir die beiden nervös vor.

Als am ersten Urlaubstag der Wecker zu einer Tageszeit klingelte, zu der ich noch nicht einmal die Katze vor die Tür jagen würde, wurde ich zum ersten Mal skeptisch. Als Mops hänge ich sehr an meinem Schönheitsschlaf, müssen Sie wissen. Und für die Ferien hatte ich eigentlich geplant, mir eine dicke Extra-Portion davon zu genehmigen.

Stattdessen warfen sich Frauchen und Herrchen in Schale wie für eine Oscar-Verleihung und nervten mich bereits vor dem Frühstück, indem sie aufgedreht mit Foto- und Videokamera vor meiner Nase rumfuchtelten.

Als Herrchen dann mit einem Anzug auf mich zukam, der bestenfalls seinem Unterarm passen würde, und mich dabei merkwürdig euphorisch anblickte, wurde ich *wirklich* misstrauisch.

Ich muss dazu sagen, dass die beiden üblicherweise halbwegs vernünftig sind und gnädig davon absehen, mich in idiotische Kostümchen zu pressen, in denen man als Mops aussieht, als wolle man in einer Tanzshow in Las Vegas auftreten.

Offenbar war dies hier die Ausnahme. Mit vereinten Kräften versuchten sie doch allen Ernstes, mich in diesen Mini-Smoking zu quetschen. Ich knurrte. Ich fletschte. – Und wurde ignoriert. Als letzte Maßnahme fiel mir nur ein, diesen unsäglichen Eingriff in meine Intimsphäre durch übermäßiges Ausstrecken meines Bauchs zu unterwandern. Das klappte. Ich siegte – und durfte bleiben, wie der Mops-Herr mich geschaffen hat.

Endlich, nach Stunden, ging es ab ins Auto. Ermattet machte ich es mir auf der Hinterbank bequem und schloss wohlig die Augen. Die nächsten Stunden würde ich mich gemütlich durch die Weltgeschichte schaukeln lassen und mich von den Strapazen des Morgens erholen.

...dachte ich. Und täuschte mich erneut.

Keine zehn Minuten später wurde ich aus meinem friedlichen Schlaf gerissen und fand mich in einem

Büro wieder. Nicht gerade meine Wahl für eine Urlaubswohnung, zumal es von einer fremden Frau bewohnt schien, aber bitte – immerhin war weit und breit kein Meer zu riechen. Ich ließ mich also auf dem weichen Teppich unter dem Schreibtisch nieder und verabschiedete mich ins Traumland.

Dann allerdings wurde ich hellhörig: Plötzlich wurde es furchtbar feierlich und mein Typ war gefragt: „In Anwesenheit von Eddie frage ich Sie...“, hob die fremde Frau an, und da dämmerte es mir: Die beiden hatten doch tatsächlich vor, zu heiraten!

Ich muss zugeben: Das rührte mich nun doch. Ich nahm also eine feierliche Mops-Pose ein, um meiner Rolle als Trauzeuge gebührend gerecht zu werden. Jetzt wurde auch die Nummer mit dem Anzug für mich verständlicher, aber kein Ding: Auch nackt mache ich eine hervorragende Figur.

Bevor ich so richtig realisiert hatte, was überhaupt abging, war es auch schon wieder vorbei. Jede Menge Gedrücke und Geknutsche, Freudentränen, Fotos.

Und dann setzte er auch schon wieder ein, der Stress: Zurück ins Auto und nach Hause, wo Herrchen und Frauchen sich in was Bequemeres warfen, und anschließend wieder ins Auto.

Dann, endlich: Autobahn. Im ersten Stau standen wir nach zehn Minuten, im zweiten nach weiteren 20. Als wir endlich ankamen, war die Sonne untergegangen und ich fühlte mich, als hätte die Katze mich zwei Tage lang durchs Haus gejagt. Ich wollte nur noch ins Körbchen und endlich pennen.

War nix. Ab ins nächste Restaurant. Da hatte ein Zwölfjähriger am Nachbartisch offenbar geplant, sich

für den Weltrekord im stundenlangen Mops-Nerven zu bewerben. Wirklich: Ich mag Kinder. Aber nicht nach einem gefühlten 72-Stunden-Tag. Während Herrchen und Frauchen am Tisch die Sektgläser klirren ließen, erlitt ich darunter ein Martyrium nicht enden wollenden Gedrückt- und Gekuschelt-Werdens. Interessierte natürlich keinen Heizer. Zu allem Überfluss hörte ich nun auch noch von Ferne das Meer rauschen.

Nur die Tatsache, dass ich ein optimistischer Typ bin, hinderte mich daran, in Verzweiflung auszubrechen. Mit letzter Kraft schleppte ich mich spät in der Nacht in mein Körbchen, davon überzeugt, dass der Urlaub ab sofort nur noch besser werden könne.

Ich irrte mich erneut. Das dicke Ende sollte erst noch kommen. Aber dazu mehr in meinem zweiten Teil des Urlaubs-Berichts. Dort erfahren Sie, warum nasse Labrador-Welpen aus meiner Sicht einen Waffenschein benötigen und wieso ich dafür bin, einen Fluglotsen-Dienst für Möwen einzurichten.

Mehr nächste Woche.

Mit mopsigen Grüßen,

Ihr Eddie

6. Urlaub, Teil 2: Risiken, Nebenwirkungen und erfolgversprechende Gegenmittel

Tag auch.

Bestimmt erinnern Sie sich noch an den ersten Teil meines Berichts aus dem Urlaub. Sie wissen schon: Ewiges Rein und Raus aus dem Auto, Staus ohne Ende und ein Zwölfjähriger, der mich mit seinem stundenlangen Getätschel in die Verzweiflung trieb. Bereits am ersten Abend fühlte ich mich, als hätte ich an einer Besteigung des Mount Everest teilgenommen, und sehnte mich nur noch nach einem: Ruhe.

Hätte ich geahnt, dass dies erst der Auftakt zu einem nicht enden wollenden Marathon von Ausflügen, Stadt-Besichtigungen, Strandmärschen und anderen sinnlosen Freizeitbeschäftigungen sein würde, für die man als Mops eigentlich Überstunden und Sonderurlaub verlangen müsste, hätte ich gleich bei der Mops-Gewerkschaft angerufen. Aber selbst dafür blieb mir bei all dem Stress nicht eine Minute Zeit. Ganz ehrlich: Warum das Ganze sich „Urlaub" schimpft, wenn man rumrennt, als würde man dafür Kilometergeld kassieren, wird sich mir nie erschließen.

Doch die Rumlauferei war noch längst nicht das Schlimmste, was mir bevorstand. Der erste Tag am Hundestrand verlief noch halbwegs nett, wenn man davon absieht, dass Frauchen und Herrchen natürlich nichts unversucht ließen, mich ins Wasser zu locken. – Vergebens natürlich, das weiß ich und

Sie wissen es auch. Aber Herrchen und Frauchen sind da anscheinend wenig lernfähig – es brauchte etliche Anläufe, bis ich sie davon überzeugt hatte, dass ich mich auch im Urlaub dem Wasser nicht überflüssig nähere.

Zu meinem größten Entsetzen laufen an so einem Hundestrand allerdings Kollegen rum, die eine Penetranz an den Tag legen, wie ich sie bislang noch nicht erlebt hatte: Ich traf sie in Gestalt von zwei Labrador-Welpen. Schon am Vortag hatte ich aus der Ferne beobachtet, wie dieses übermütige und offenbar leicht verstrahlte Duo sich immer wieder mit einer Begeisterung in die Fluten stürzte, als gäbe es nichts Schöneres auf der Welt. Als Mops nötigte mir das zwar ein verständnisloses Kopfschütteln ab, aber bitte: Was interessieren mich die Macken von anderen?

Gar nicht, dachte ich – und irrte mich schrecklich. Am nächsten Tag lag ich, wohlig dösend, auf einer Decke im Sonnenschein, als ich zwischen meinen leicht geöffneten Augendeckeln diese Höllenbrut auf mich zu rennen sah. Bevor ich auch nur die geringste Chance hatte, an Flucht zu denken, wurde ich überwältigt. Binnen Sekunden waren die zwei überall – auf mir, unter mir, neben mir. Und ich betone: Natürlich – weil ihnen ja nichts Besseres einfiel, als vorher noch eine schöne Runde zu schwimmen – waren sie *klitschnass*.

Wie ich aussah, nachdem dieses gemeingefährliche Duo mich in die Mangel genommen hatte, können Sie sich denken: Wäre ich selbst im Meer gewesen, ich hätte nicht nasser sein können. Es triefte und tropfte von meinen Ohren und auch sonst von überall, und mein Tag war gelaufen. Warum es erlaubt ist, solche nassen Quälgeister ohne Waffenschein bei sich zu führen, wird mir auf ewig ein Rätsel bleiben. Derzeit erwäge ich die Einreichung einer entsprechenden Petition.

Aber Sie wissen, wie das ist: Wenn man einmal über die Dinge geschlafen hat, sieht die Welt gleich viel besser aus. Am nächsten Tag hatte sich meine Laune wieder halbwegs erholt. Und mittags sah es kurzfristig sogar so aus, als könne meine Stimmung kaum besser werden: Frauchen und Herrchen hatten sich im Außenbereich eines Restaurants an einem kleinen Hafen niedergelassen. Normalerweise sind sie mit ihrem Essen ja furchtbar geizig und geben mir nicht das Geringste davon ab. Doch angesichts des Urlaubs machte Herrchen mal eine Ausnahme und ließ ein paar Brötchenstücke vor meine Pfoten fallen.

Freudig begann ich, es mir schmecken zu lassen, als ich den Schreck meines Lebens bekam. Erst hörte ich Flügelflattern und wildes Gekreische, dann stürzte sich – nur Zentimeter neben mir – eine riesenhafte Möwe zu Boden und schnappte mir alles vor der Nase weg. Ich schwöre Ihnen: Ich entging nur knapp einem plötzlichen Herztod.

Danach hatte ich endgültig die Nase voll von diesem bescheuerten Urlaub. Nichts als Stress, bekloppte Labrador-Welpen und gemeingefährliche Killer-Möwen...

Jeder Psychiater (nicht dass ich einen hätte) würde Ihnen bestätigen, dass das Folgende vermutlich ein verzweifelter Hilferuf meines

Unterbewusstseins war: Am nächsten Morgen, beim Bällchenspielen in der Wohnung, blieb ich mit einer Kralle im Sisal-Teppich hängen. Ziepte nur kurz und war mir eigentlich ziemlich schnuppe, blutete aber wie Schwein und sorgte sofort dafür, dass sich fortan alles um mich drehte. Ich wurde geherzt und getröstet, geschmust und gestreichelt. Es war großartig.

Weniger schön war, dass Frauchen mich direkt zum nächsten Tierarzt verfrachtete. Der faselte was von „Infektionsgefahr“ und „gefährlich“, was ich idiotisch fand, außerdem etwas von „Strandverbot für den Rest des Urlaubs“, was ich sehr begrüßte. Weniger gefiel mir allerdings, dass er der Meinung war, das gesamte Bein gehöre dringend in einen Verband – aber gegen solche Maßnahmen kann man als Mops ja was tun.

Frauchen hatte mich nach der Prozedur gerade ins Auto gehoben, da ließ ich den Verband vom Bein runterrutschen. Leider teilte sie meine Begeisterung für die Befreiung von diesem blöden Ding überhaupt nicht. Ich hörte, wie sie etwas von „unfähigem Tierarzt“ vor sich hinmurmelte, dann saß ich wieder auf dem Behandlungstisch und das Ganze ging von vorn los.

Diesmal nahm ich mir also vor, ein wenig länger mit dem Abstreifen des unbequemen Verbands zu warten. Ich geduldete mich, bis wir zurück in der Ferienwohnung waren, ließ noch ein Stündchen ins Land ziehen und schmiss das Ding erst dann lässig in die Ecke.

Frauchens Gesicht nahm nun eine leichte Rot-Färbung an. Im anschließenden Gespräch mit Herrchen ließ sie ein paar Bemerkungen über den Tierarzt fallen, die ich hier aus Gründen der Etikette lieber nicht zitieren möchte. Dennoch: Ich sah das ganz entspannt – die würde sich schon abregen, da war ich mir absolut sicher.

Tat sie nicht. Stattdessen kam sie zu der Entscheidung, dass wir einen professionelleren Veterinär bräuchten – und kutschierte mich in die nächste Klinik. Dort wurde erst ein bisschen an der Kralle rumgelötet, was eklig roch, aber nicht wehtat. Allerdings war man auch da der Ansicht, dass es ohne Verband nicht ginge.

Ich muss zugeben: Diesmal saß das Ding wirklich fester. Entsprechend brauchte ich auch ein klein wenig länger, um es loszuwerden, aber am Ende des Tages war auch das geschafft.

Und endlich: Beim dritten Mal setzte ich mich erfolgreich durch. Nach Rücksprache mit der Tierklinik wurde beschlossen, dass ein vierter Anlauf sinnlos sei. Allerdings, so die Bedingung des Tierarztes, benötige die Pfote Ruhe und Schonung, keinerlei Strandspaziergänge und auch sonst möglichst wenig Rumrennerei.

Ich war selig. Fortan lief der Urlaub genauso, wie ich es mir vorgestellt hatte. Ich durfte schlafen, so lange ich wollte, verbrachte chillige Nachmittage in kleinen Cafés, fernab von Wasser und fiesem Sand, und weil ich ja „krank“ war, wurde ich gehätschelt und mit Leckerchen verwöhnt, dass es eine Pracht war.

Für kommende Urlaube will ich das Konzept jetzt noch weiter optimieren – natürlich ohne Blutvergießen, aber mit der gleichen Wirkung. Als in Frage kommende Varianten habe ich bislang ein simuliertes Humpeln oder ein demonstrativ-dramatisches Hüsteln näher ins Auge gefasst. Möglicherweise könnte aber auch ein theatralischer Blick denselben erfolgversprechenden Effekt erzielen. Sobald ich das Verfahren perfektioniert habe, lasse ich es Sie wissen. Vielleicht melde ich ja auch ein Patent darauf an – mal sehen, bis zum nächsten Urlaub ist es ja noch ein bisschen hin.

Mehr nächste Woche.

Mit mopsigen Grüßen,

Ihr Eddie

7. Nebenjob: Friseur-Hund – eine haarige Angelegenheit

Tag auch.

Neben meiner wichtigen Beschäftigung als Kolumnist bin ich auch noch Friseur-Hund. Und in dieser Funktion muss ich natürlich in regelmäßigen Abständen in Herrchens Geschäft vorbeischauen, um zu sehen, ob da auch alles richtig läuft.

Herrchen denkt sich da ja nicht viel bei und glaubt, er nehme mich halt nur hin und wieder mal für ein paar Stunden mit, wenn Frauchen viel zu tun hat. Selbstverständlich völliger Blödsinn: In Wahrheit bin nämlich ich derjenige, der den Laden schmeißt.

Eine meiner wichtigsten Aufgaben ist zum Beispiel die Feind-Abwehr: Damit ich ihr optimal nachkommen kann, wurde extra ein bodentiefes Schaufenster eingebaut, von dem aus ich die Geschehnisse in der Innenstadt perfekt im Auge behalten kann. Finster dreinschauende Passanten, die vorbeigehen und einen unheimlichen Eindruck machen, halte ich mittels meiner beeindruckenden Statur und vernichtender Blicke davon ab, den Laden zu betreten.

Das funktioniert natürlich auch umgekehrt. Stichwort: Kundenakquise mittels Passanten-Hypnose. Sympathisch wirkende Menschen bezirze ich einfach so lange mit meinem berühmten „Guck, wie niedlich ich bin“-Blick, bis sie sich entschließen, reinzukommen.

Ist das geschafft, müssen sie natürlich optimal betreut werden. Für Kaffee, Prosecco, Zeitschriften und solche Kinkerlitzchen sind natürlich andere zuständig. Ich sorge mehr für den Wellness-Faktor – zum Beispiel, indem ich mich neben den Füßen von Kunden niederlasse und ihnen damit ein Gefühl von Sicherheit vermittle, so nach dem Motto: „Falls die Welt um uns herum untergeht, hast du immer noch einen Mops an deiner Seite." Ich glaube, das ist für viele eine große Beruhigung.

Alternativ setze ich mich – auf Wunsch – natürlich auch gern mal auf den Schoß und lasse mich kraulen, um für wohlige Entspannung beim Haareschneiden zu sorgen. – Immerhin ist wissenschaftlich erwiesen, dass das Streicheln von Hunden bei Menschen Stress mindert und sich günstig auf die Gesundheit auswirkt. Eigentlich sollte man meinen, dass die Krankenkassen mir dafür hin und wieder mal einen Extra-Knochen schicken, aber ich bin es ja gewohnt, dass meine Leistungen nicht immer angemessen gewürdigt werden.

Nur bei der Kundenberatung lässt Herrchen mich aus unerfindlichen Gründen nicht mitreden. Dabei bin ich überzeugt, dass alles sehr viel einfacher wäre, wenn jeder meinen Haarschnitt hätte – überall kurz, im Nacken etwas länger und rundum absolut pflegeleicht. Herrchen sagt aber, das sei nicht jedermanns Sache. Und tatsächlich scheint er da Recht zu haben. Jedenfalls haben die Frisuren, die er so schneidet, überhaupt keine Ähnlichkeit mit meiner.

Wie ich mit Staunen festgestellt habe, kommen viele ja sogar zu ihm, um sich die Haare *länger* machen zu lassen. Kurzfristig habe ich mal überlegt, ob mir so etwas wohl auch stehen würde – immerhin wäre ich damit der vermutlich weltweit einzige Langhaar-Mops. Ich habe dann aber doch Abstand davon genommen – auf Dauer würde es mich vermutlich ziemlich nerven, wenn mir die Haare ständig um die Schultern baumeln. Außerdem könnte man dann vielleicht meine charismatischen Denkfalten nicht mehr sehen, was ja auch nicht Sinn der Sache sein kann.

Wirklich unheimlich sind mir allerdings die Kunden, die sogar mehrfach die Woche zum Waschen und Föhnen bei Herrchen antreten. – Mir ein Rätsel. Das ist ja so, als würde ich bei uns zu Hause freiwillig in die Wanne springen und sagen: „Los, duscht mich und seift mich ein." Würde mir garantiert nicht in den Sinn kommen. Aber mich wundert ja nichts mehr, Menschen haben halt manchmal seltsame Vorlieben.

Jedenfalls bin ich froh, dass ich es als Mops in dieser Hinsicht sehr viel leichter habe. Zweimal pro Jahr werfe ich mein altes Fell ab und lege mir ein neues zu. Was zwischendurch stört, lasse ich einfach irgendwo fallen. Probieren Sie's doch auch mal – ist völlig unkompliziert und erfordert keinerlei Aufwand.

Einzig störende Nebenwirkung bei der Sache ist das ständige Genöle von Frauchen, die sich im Frühling und Herbst andauernd darüber beschwert, dass überall meine Haare rumlägen und sie permanent staubsaugen müsse. Weiß gar nicht, was daran so schlimm sein soll – immerhin passen meine Haare farblich zum Holzboden, was man von denen der Katze nicht behaupten kann. Aber Frau Kratzbürste genießt hier im Haus ja irgendwie ohnehin so etwas wie diplomatische Immunität und kann sich jeden Blödsinn erlauben.

Demnächst muss ich allerdings nochmal mit Herrchen über den Laden sprechen: Ich habe beschlossen, dass wir für meinen Platz am Schaufenster dringend ein Schild brauchen, mit dem die Passanten darauf hingewiesen werden, dass sie nicht ständig an die Scheibe klopfen sollen, wenn ich ausnahmsweise mal in Ruhe ein Nickerchen machen will.

Ich meine: Ich freue mich ja, wenn die Leute mir von draußen zuwinken oder ihre Nase an der Scheibe plattdrücken, nur um mich zu sehen. Ist ja auch nur verständlich, schließlich bin ich als einziger Friseur-Mops der Umgebung stadtbekannt. Manchmal komme ich mir allerdings schon ein bisschen vor wie im Zoo. Mit einem Unterschied: Bei uns darf man als Besucher das wilde Tier füttern.

Mehr nächste Woche.

Mit mopsigen Grüßen,

Ihr Eddie

8. Der Teich des Grauens

Tag auch.

Nun ist es also passiert. Ich habe ja immer gesagt, dass dieser vermaledeite Gartenteich überflüssig und eine Gefahr für Leib und Leben ist. Aber auf mich hört ja hier niemand.

Und natürlich konnte man den Teich auch nicht in irgendeinem entlegenen Winkel des Gartens unterbringen, wo sowieso kein Mensch hingeht – unter dem alten Apfelbaum von mir aus oder sonst irgendwo, wo sich die Wühlmäuse „Gute Nacht“ sagen. Nein, dieses fiese Biotop musste natürlich unbedingt gleich vor der Haustür und unmittelbar neben dem Weg zu selbiger gebaut werden.

Und was ist das Ergebnis? – Gestern sitzt Frauchen auf der Treppe zur Veranda, genießt die letzten Sonnenstrahlen und wirft mir zwischendurch mein Bällchen den Weg runter. Und als ich in bester Laune und nichts Böses ahnend hinterher renne, passiert es: Plötzlich liege ich mittendrin.

Dass ich ohnehin eine große Abneigung gegenüber jeder Art von Wasser verspüre, ist ja inzwischen hinreichend bekannt. Allerdings handelt es sich im vorliegenden Fall ja nicht einfach nur um Wasser, sondern zu allem Überfluss auch noch um solches, in dem Fische, Molche, Schnecken und sonstiges Kroppzeug leben. Von Libellenlarven, Fröschen, Muscheln, Wasserläufern und anderem seltsamen Getier mal ganz zu schweigen. Und nebenbei hat erwähntes Wasser um diese Jahreszeit eine gefühlte

Temperatur, wie sie sonst in großen Kühlhäusern zum Frischhalten von Eisbergen eingesetzt wird.

Sie können sich also annähernd mein Entsetzen darüber vorstellen, urplötzlich in diesem eiskalten Tümpel gelandet zu sein. Frauchen fischte mich natürlich binnen zwei Sekunden wieder raus, verhinderte damit Schlimmeres und legte mich anschließend mithilfe diverser Handtücher trocken. Trotzdem stehe ich, auch gute 24 Stunden später, noch immer unter Schock und grüble darüber nach, was mir jetzt wohl sonst noch so ins Haus stehen wird.

Von dem – wegen des Kälteschocks – ohne Zweifel zu erwartenden Schnupfen mal abgesehen, möchte ich auch nicht wissen, was mir jetzt alles im Fell rumkriecht. Möglicherweise habe ich irgendwo zwischen den Pfoten zum Beispiel noch einen komischen Wasserkäfer oder einen Baby-Molch, der es sich gerade in meinem Gehörgang gemütlich macht. Oder in ein paar Wochen sprießen Seerosen und sonstige seltsame Pflanzen aus meinem Fell. Man weiß es nicht genau, aber ich ahne Schreckliches.

Jedenfalls habe ich in der Angelegenheit nochmal bei Frauchen vorgesprochen und beantragt, dass dieses blöde Teichding auf der Stelle zugeschüttet wird. Und was soll ich Ihnen sagen? – Sie weigert sich doch tatsächlich und meint, so dramatisch sei es nun auch nicht. Andere Hunde würden schließlich auch gerne schwimmen, es gebe zig Möglichkeiten, aus dem Teich zu klettern, und außerdem sei sie schließlich immer dabei, wenn ich draußen bin, so dass mir gar nichts passieren könne.

Vorerst bleibt mir also nichts anderes übrig, als einen riesengroßen Bogen um dieses fiese, gemeingefährliche Wasserloch zu machen. Und zu hoffen, dass mir nicht noch ein Schnurrbart aus Fadenalgen wächst. Drücken Sie mir die Daumen, ich halte Sie auf dem Laufenden.

Mehr nächste Woche.

Mit mopsigen Grüßen,

Ihr Eddie

9. *Die ganz große Mops-Liebe*

Tag auch.

Ich weiß, Sie halten mich für einen mordscoolen Typen, den – außer Wasser vielleicht – quasi nichts schrecken kann. Da liegen Sie natürlich prinzipiell auch völlig richtig. Aber ich sag‘s Ihnen ganz ehrlich: In Wahrheit bin ich ein echt sensibler Kerl und habe ein total weiches Herz. Und Letzteres wird gerade von Liebeskummer geplagt.

Aber beginnen wir von vorne.

Sie erinnern sich an meinen unfreiwilligen Ausflug in den Teich des Grauens in der vergangenen Woche. Entgegen meiner Befürchtungen, blieb ich nach diesem ungewollten Tauchgang im eiskalten Wasser nun doch von einer Erkältung oder Schlimmerem verschont. Schön, sollte man meinen.

Aber von wegen: Frauchen nämlich, die ja immer mal wieder für eine belämmerte Idee gut ist, kam deshalb auf den gloriosen Einfall, dass wir – da ich ja nun so fit sei – doch gleich mal meine geplante Impfung beim Tierarzt in Angriff nehmen könnten. – Super. Ganz ehrlich, da hätte ich lieber den Schnupfen genommen.

Doch als ich angesichts des bevorstehenden Termins über die Ungerechtigkeit der Welt nachsann, zeigte sich ein Lichtblick am Horizont: Mich ereilte die Nachricht, dass auch Miley – *meine* zauberhafte Miley – zum Impfen müsse und es möglicherweise zu einem Date beim Tierarzt kommen könnte.

Ich weiß ja nicht, ob Sie Miley kennen – obwohl man Miley eigentlich kennen muss. Immerhin ist sie nämlich die wunderschönste Mops-Frau der Welt. Und ich sage es ganz offen: Mein Herz gehört ihr – und nur ihr allein.

Schon als ich Miley zum ersten Mal traf, war es für immer um mich geschehen. Diese traumhaften, braunen Augen, dieser anmutige Gang, das seidige Fell... Hach, da gerate ich ins Schwärmen. Miley war damals noch ein richtiger Frischling und unsere Zuneigung selbstverständlich absolut platonischer Natur. Aber schon damals wusste ich, dass ich für immer mein Herz an sie verloren hatte.

Womit wir auch zurück zum eigentlichen Thema kommen: meinem Liebeskummer. Nicht dass Sie denken, Miley hätte mich verlassen oder so. – Nein, nein. So etwas Grausames würde meine Miley selbstverständlich niemals tun. Aber kaum hatte sich bei mir erste Vorfreude darüber breitgemacht, dass wir uns vielleicht beim Tierarzt treffen würden, da wurde selbige auch schon wieder untergraben: Unsere Frauchen gehen mit uns nämlich nicht immer zum selben Tierarzt, müssen Sie wissen. Und natürlich auch nicht zwangsläufig am selben Tag.

Kurz gesagt: Das Dating zwischen Miley und mir ist zahlreichen Hindernissen unterworfen.

Ich weiß ja nicht, wie Sie es mit den Rendezvous halten, wenn Sie frisch verliebt sind: Vermutlich rufen Sie Ihren Liebsten oder Ihre Liebste dann an, Sie gehen ins Kino, ins Restaurant, den Zoo, treffen sich zum Picknick oder zu irgendeiner sonstigen seltsamen Beschäftigung, die Menschen so gemeinhin unternehmen.

Aber haben Sie sich schon mal überlegt, wie unfassbar schwierig so was unter Hunden ist? Ehrlich, es ist eine Katastrophe.

Sagen wir mal, man geht auf eine Hundewiese und trifft dort als Hund seine Traumfrau. Riesen Geschnuppere, große Freude und so. Und dann? – Wo Sie vermutlich Telefonnummern austauschen oder sich zusammen in ein Café setzen würden, werden wir von unseren jeweiligen Besitzern wieder mit nach Hause geschleppt und haben sozusagen überhaupt keine Möglichkeit, auch nur irgendetwas zu tun.

Selbst wenn ich Mileys Telefonnummer kennen würde, würde ich mit meinen Pfoten nicht die Tasten treffen. Und Miley hätte beim Abnehmen des Hörers dasselbe Problem. Schlimmer noch: Miley wohnt zig Kilometer von mir entfernt. Natürlich würde ich für diesen bezaubernden Sonnenschein jederzeit bis ans Ende der Welt gehen, ist ja gar keine Frage. Aber mit 32 Zentimetern Schulterhöhe und ohne Daumen scheitere ich ja schon am Öffnen der Flurtür. Und danach an der Haustür. Und dann am Gartentörchen. Und so weiter.

Sie sehen also: In Sachen Dating sind wir Hunde auf Gedeih und Verderb dem Wohlwollen unserer Besitzer ausgesetzt. Nun sagen Sie vielleicht: Naja, aber die können sich ja schließlich miteinander verabreden. Klar können sie das. Machen sie ja auch. Nur eben nie häufig genug. – Häufig genug fände ich

persönlich zum Beispiel dreimal täglich. Oder besser fünfmal. Oder auch öfter.

Jedenfalls bin ich der Meinung, Menschen müssten in diesen Dingen viel mehr Rücksicht auf die Bedürfnisse ihrer Hunde nehmen. Oder man verpflichtet sie einfach per Gesetz dazu, gemeinsam in eine WG zu ziehen, sobald ihre Hunde ihre Herzen aneinander verlieren. Eigene Wohnungen sind ohnehin total überbewertet.

Ja, WG fände ich eine super Idee. Dann könnte ich den ganzen Tag mit Miley zusammen sein. – Wäre das nicht toll?

Also: Ich bleibe dran. Und bis es soweit ist, hoffe ich, dass aus dem Tierarzt-Date mit Miley vielleicht doch noch was wird. Oder dass ich irgendwann in den nächsten Wochen auch so mal wieder mit ihr auf dem Sofa kuscheln kann. Falls du das hier liest, Miley: Mein Herz ist dein! Und irgendwann kriegen wir unsere Frauchen noch weich in Sachen Hunde-WG!

Mehr nächste Woche.

Mit mopsig-verträumten Grüßen,

Ihr Eddie

10. Mops-Outing: Die nackte Wahrheit über meinen Winter-Look

Tag auch.

Es ist nicht mehr wegzureden: Der Winter steht vor der Tür. In den nächsten Tagen soll auch bei mir der erste Schnee fallen, und damit wird es unausweichlich: Ich muss mich outen, bevor Sie es am Ende noch selbst herausfinden.

Andere berühmte Leute plagt ja vor allem die Sorge davor, dass sie von einem Fotografen dabei geknipst werden könnten, wie sie sich auf einer Party unpassenderweise die Klamotten vom Leib reißen oder im Garten splitternackt Limbo tanzen. Bei mir ist es eher umgekehrt. Denn nackt bin ich schließlich immer. Oder jedenfalls meistens.

Aber der Reihe nach.

Sie müssen wissen: Ich bin ein cooler Typ – ich verbelle Bauarbeiter, biete immer wieder todesmutig der Katze die Stirn, kehre beim Tierarzt gerne mal den gefährlichen Kampf-Mops raus und lasse mir auch sonst nichts gefallen.

Klar also, dass ich auf überflüssigen Schnickschnack überhaupt nicht stehe: Ich würde eher freiwillig Vegetarier werden, als mich in ein albernes Weihnachtsmann- oder Osterhasen-Kostüm zwängen zu lassen oder meinen grazilen Mops-Körper zu Halloween mit einer Verkleidung als Gremlin, Kobold oder sonstigem Unfug zu verunstalten. Andere mögen ja treiben, was sie wollen, aber ehrlich: Für mich ist so was gar nichts.

Schließlich legt man als Mops-Mann Wert auf eine kernige Ausstrahlung.

Erfreulicherweise habe ich es da mit Frauchen sehr gut angetroffen: Sie sieht das ganz genauso und verzichtet dankenswerterweise von vornherein darauf, mich mit komischen Pudelmützen, bunten Schleifchen im Haar oder anderen Kinkerlitzchen zu nerven.

Aber es ist wahr: Auch ich besitze Kleidung. Nur ein einziges Teil zwar, aber es ist so. Und ich dachte, bevor Sie nun ein völlig falsches Bild von mir bekommen, weil irgendein Paparazzo mir beim Winter-Spaziergang im Wald auflauert und das Ganze am Ende in der Klatschpresse erscheint, erkläre ich Ihnen lieber, was es damit auf sich hat.

Falls Sie nämlich denken, dass ein Mops, der im Winter eventuell mal eine warme Jacke trägt, ein totales Weichei sei, liegen Sie total falsch. Es geht zwar nicht so weit, dass man warme Klamotten als Mops auf Rezept verschrieben bekommt, aber zumindest in meinem Fall handelt es sich um eine glasklare ärztliche Empfehlung.

Damals, ganz am Anfang, fiel Frauchen nämlich auf, dass ich bei eisigen Temperaturen doch ziemlich schnell ins Bibbern kam. Also fragte sie die Tierärztin. Und die hat es uns erklärt: Weil ein Mops, so ihre Worte, bei geringer Größe (pah!) verhältnismäßig viel Körpermasse und -oberfläche habe (pff!), könne es ihm bei Minusgraden schon mal schneller kalt werden als einigen anderen Hunderassen. Ihr Rat: Wenn es – in meinem Fall – mit dem Frieren so schlimm sei, sollten wir es an richtig kalten Tagen einfach mal mit einem Hundemantel probieren.

Weil Frauchen (fast) genauso cool ist wie ich, war sie davon nicht wirklich begeistert. Aber wenn der Tierarzt es sagt, ist nun mal nicht daran zu rütteln. Gemeinsam beschlossen wir also, das Beste aus der Sache zu machen. Unser erklärtes Ziel: Wenn schon ein Mopsmantel, dann aber einer, der eine ähnlich lässige Haltung verströmt wie ich.

Ich sage es Ihnen gleich: Eine einfache Mission war das nicht. Tagelang kämpften wir uns verzweifelt durch das unüberschaubare Angebot in Plüsch-Optik, Glitzer-Look, zartem Rosa, kreischendem Lila oder sonstigen Farben, deren Anblick mir persönlich Zahnschmerzen bereitet. Als Mädel kann man so etwas ja vielleicht noch tragen – aber bitte: als cooler Mops-Mann?!

Aber dann, irgendwann nach langem, langem Suchen, kam er endlich, der Lichtblick: Wir fanden tatsächlich ein Mops-Outfit, das genauso kernig und gechillt rüberkommt wie ich. Dicker Anorak, Tarnfarben, coole Kapuze und „Born to be wild"-Schriftzug auf dem Rücken. Na also, geht doch.

Seither ist der Anorak im Winter dann und wann mein Begleiter, wenn draußen richtig viel Schnee liegt und das Thermometer deutlich unter null steht. Und inzwischen haben Frauchen und ich uns daran gewöhnt. Es hat schon eindeutig Vorteile, wenn man sich als Mops beim Spazierengehen nicht permanent Gedanken darum machen muss, dass einem wichtige Körperteile abfrieren könnten. Und ehrlich, „Born to be wild" ist schon eine Ansage, finde ich.

Falls wir uns also beim Winterspaziergang mal über den Weg laufen sollten: Sie wissen Bescheid. Aber denken Sie daran: An meiner generellen Einstellung ändert das selbstverständlich absolut gar nichts. Falls Sie also vorgehabt haben sollten, mir zu Weihnachten eine knallrote Pudelmütze zu stricken oder mir höchstpersönlich ein Nikolaus-Outfit zu klöppeln: Ich weiß Ihr Engagement natürlich zu schätzen, aber bitte, lassen Sie Gnade walten. Schließlich habe ich eine Mops-Ehre zu verteidigen.

Insofern werde ich mich auch weiterhin beharrlich weigern, irgendwelche komischen Kostümchen zu tragen – und ja, das betrifft auch das Outfit als „Mops-Einhorn", von dem mir eine Freundin neulich ein Foto zeigte. Liebe Freundin, an dieser Stelle sei dir gesagt: Ich habe dein teuflisches Grinsen dabei ganz genau gesehen...

Mehr nächste Woche.

Mit mopsigen Grüßen,

Ihr Eddie

11. Rächer der Entrechteten

Tag auch.

Ich lebe ja jetzt schon eine ganze Weile unter Menschen. Aber hey, einiges werde ich trotzdem garantiert nie begreifen. Bei manchen Dingen habe ich einfach das Gefühl, dass wir uns gründlich missverstehen. Und das kann fatale Folgen haben.

Aber der Reihe nach.

Schon der Besuch im Baumarkt vor einigen Wochen sorgte bei mir für pure Verwirrung. Da ich vorher noch nie in einem gewesen war, ortete ich erst mal die Lage und stellte Folgendes fest: Läuft sich wie auf Straße, riecht wie Wald und rechts und links liegt überall Holz. Eigentlich also alles genau wie sonst auch beim Spazierengehen.

Ich also konsequenterweise immer schön mit der Nase am Boden entlang, auf der Suche nach einer interessanten Spur. Fand ich denn auch und dachte, ich hinterlasse mal meine Duftnote.

Gerade setzte ich dazu an, gemütlich das Bein zu heben, da entfuhr Frauchen ein Kreischen. Mit einem Blick, der ungefähr so entgeistert wirkte, als hätte ich ihr soeben erklärt, ich wolle kurzfristig zu einer Mars-Mission aufbrechen, teilte sie mir mit, dass das ja nun gar nicht gehe. Ich könne doch nicht in einem Baumarkt... Völliges Tabu und so. – Ich registrierte. Aber unter uns: Kapiert habe ich es nicht.

Kürzlich stiefelten wir zwei dann – zum wiederholten Mal – in einen anderen Markt, der meiner festen Überzeugung nach das Paradies für Hunde auf Erden darstellt. So weit das Auge blickt, stapeln sich Hundefutterdosen, es gibt eine riesengroße Auswahl an Körbchen, von denen eins gemütlicher aussieht als das andere, und dazu eine schier unüberschaubare Variation an Knabberzeug, das in offenen Kisten zur freien Bedienung an der Wand gestapelt ist. Gäbe es ein Wörterbuch für Hunde, müsste ein Foto von dem Laden neben dem Begriff „Mops-Glück“ stehen.

Wie so vieles im Leben, hat aber auch der Besuch dort seine Tücken. Immer wieder musste ich in den vergangenen Monaten frustriert feststellen, dass Frauchen meine Selbstbedienung an der Leckerchen-Theke konsequent unterbindet. – Mir ein völliges Rätsel. Sie gehen ja schließlich auch nicht in eine Bar, um dann nichts zu trinken, oder?

Wie auch immer, nach mehreren erfolglosen Versuchen beschloss ich jedenfalls, meine Konzentration verstärkt auf andere Bereiche zu lenken. Vergnügt schnupperte ich an diesem und jenem Regal, bestaunte Hundehalsbänder und sonstigen Kram, als ich hoch erfreut auf die Spielwarenabteilung stieß. Während Frauchen in rund zwei Metern Entfernung irgendwelche Futterdosen näher inspizierte, studierte ich das Angebot, das gleich vor mir in einer riesigen Kiste auf dem Boden zur freien Auswahl stand.

Die Entscheidung wollte gut erwogen sein. Immerhin verfügt man ja als Mops bekanntermaßen nicht über Hände, mit denen man einen solchen Berg Spielzeug eben mal komplett wegschleppen könnte. Es war also klar, dass ich nur eins der Dinger würde mitnehmen können, und so überlegte ich natürlich gründlich.

Zuerst liebäugelte ich mit einem quietschgelben Stoffball, der mir dann aber doch irgendwie reizlos erschien, und befasste mich dann etwas näher mit einem Gummiknochen, der allerdings aufgrund seines leicht beißenden Geruchs letztlich durchfiel. Nach längerem Nachdenken entschied ich mich schließlich für ein Stoff-Schaf, das mir bislang in meiner umfangreichen Sammlung fehlte, und packte es ein.

Frauchen hatte unterdessen ihren Kram ebenfalls erledigt. Also schlenderten wir gemeinsam Richtung Ausgang, wo sie der Frau am Schalter noch etwas Papier und ein paar Münzen in die Hand drückte. Dann machten wir uns auf, nach Hause zu fahren.

Noch bevor wir durch die Tür waren, stoppte Frauchen allerdings abrupt – als sie nämlich das Stoff-Schaf zwischen meinen Zähnen entdeckte. Und setzte erneut diesen ungläubigen Blick auf, den sie mir schon im Baumarkt zugeworfen hatte. Wo ich das denn aufgegabelt hätte, wollte sie wissen. Könne ich doch nicht einfach mitnehmen und so weiter. – Ehrlich, ich verstand nur Bahnhof. Was, um Himmels willen, hatte ich denn nun schon wieder verbrochen?

Da ich annehmen muss, dass Sie möglicherweise eine ähnlich seltsame Rechtsauffassung haben wie mein Frauchen, erkläre ich Ihnen jetzt mal, wie sich die Dinge aus Hundesicht darstellen. Die Regeln sind ganz simpel: Wenn irgendwas auf dem Boden oder sonst in erreichbarer Nähe liegt, dann gehört das uns. Ist doch völlig logisch, oder? Wieso, bitteschön, sollte denn auch irgendjemand einen ganzen Haufen Spielzeug direkt vor meiner Nase postieren, wenn nicht, damit ich damit spiele? Wo liegt denn da der Sinn?

Wie gesagt: Ich verstand es nicht. Nichtsdestotrotz musste ich der Tatsache ins Auge sehen, dass Menschen zu dieser Frage offenbar eine völlig andere Einstellung haben. Nachdem ich nun ohnehin schon eine Weile auf dem Stoff-Schaf herumgekaut hatte, marschierte Frauchen also zurück zu der Frau an der Kasse und drückte ihr nochmal ein paar Münzen in die Hand.

Soweit also alles okay – jedenfalls, was mich und das Schaf betrifft. Das nämlich gehört jetzt mir, was ja erst mal das Wichtigste ist.

Mein Ruf dagegen hat irgendwie gelitten, muss ich feststellen. Seit einigen Tagen jedenfalls bezeichnet Frauchen mich gerne mal mit einem Augenzwinkern als Klein-Kriminellen und behauptet, ich hätte eine diebische Ader.

Geht natürlich gar nicht. Schließlich habe ich nach bestem Wissen und Gewissen gehandelt. Und jeder, der auch nur ein bisschen Ahnung von Hunde-Recht hat, wird bestätigen, dass das mit dem Schaf aus meiner Sicht eine absolut saubere Angelegenheit war.

Sie werden also einsehen, dass ich das alles so nicht auf mir sitzen lassen kann. Schreibe hiermit offiziell die Suche nach einem Freiwilligen aus, der eine Doktorarbeit zum Thema „Jura aus Hundesicht“ verfassen will und diese völlig seltsame Auffassung

von Menschen endlich mal geraderückt. Immerhin habe ich eine Mops-Ehre zu verteidigen.

Außerdem betrifft die Problematik ja nicht nur mich, sondern vermutlich auch ungezählte andere Vierbeiner. Wer weiß, wie viele völlig Unschuldige deshalb vielleicht schon eine Hunde-Vorstrafe kassiert haben? – Höchste Zeit, dass jemand in der Sache etwas unternimmt. Betrachten Sie mich also künftig als Rächer der Entrechteten – ich halte Sie auf dem Laufenden.

Mehr nächste Woche.

Mit mopsigen Grüßen,

Ihr Eddie

12. Von Tanten, Onkeln und anderen mopsigen Wahlverwandten

Tag auch.

Frauchen tut es, Herrchen tut es. Und so ziemlich jeder Hundebesitzer, den ich kenne, tut es auch. Es redet halt nur irgendwie keiner darüber. Und aller Wahrscheinlichkeit nach wird auch Frauchen nie wieder mit mir sprechen, wenn ich sie heute oute. Doch Sie wissen ja: Als Kolumnist bin ich nun einmal der Wahrheit verpflichtet. Was muss, dass muss.

Aber der Reihe nach: Vermutlich wird es Sie nicht erstaunen, dass ich eine Mutter habe. Und einen Vater. Beide sind Möpse. Und mit mir verwandt. Soll ja ein verbreitetes Phänomen sein.

Seltsam finde ich persönlich aber, dass die meisten Hunde, die ich kenne, *zwei* Mütter haben und *zwei* Väter. Und nein, nicht weil da genetisch irgendwas durcheinander geraten wäre.

Hier also ist sie, die nackte Wahrheit: Auch bei uns bezeichnet Frauchen sich selbst als meine „Mama“ und Herrchen sich als „Papa“.

Falls Sie Hundebesitzer sind, werden Sie jetzt wahrscheinlich wissend nicken – in der Öffentlichkeit allerdings vermutlich weiterhin so tun, als seien Sie selbst in absolut keiner Weise von dem Thema betroffen. Aber ich bitte Sie: Seien wir ehrlich. Ich gehe jede Wette ein, Sie tun es auch.

Frauchen behauptet ja steif und fest, das Ganze sei eigentlich ohnehin nur ein Scherz. Oder jedenfalls als solcher entstanden. Vor vielen Jahren, sagt sie, habe sie einmal gehört, wie eine ältere Dame den Hund ihrer Tochter als ihren „Enkel“ bezeichnete. Das habe sie so lustig gefunden, dass sie, als meine Hunde-Vorgängerin Susi einzog, dann und wann einen Witz darüber machte und ihre eigene Mutter zu Susis „Oma“ umtaufte.

„Oma“ fand das am Anfang überhaupt nicht komisch, zumal sie damals kaum Mitte 50 war und Frauchen ihr im Übrigen „echte“ Enkel standhaft verweigerte. Aber Sie wissen ja, wie das ist: Erst ist es nur ein Witz, dann gewöhnen sich alle daran. Und am Ende erinnert sich kaum noch wer, dass es überhaupt jemals anders war.

Fortan also hatte Susi zwei zusätzliche Paar Großeltern. Und damit es nicht zu Verwechslungen kam, wurde an die Bezeichnung „Oma“ oder „Opa“ gern noch der Name der Gegend gehängt, in der selbige wohnten. Also beispielsweise „Oma und Opa Lüneburger Heide“. Klar. Das hätte ja auch sonst bei Susi zu Verwirrung führen können...

Wie sich daraus ergab, dass Frauchen irgendwann begann, sich selbst Susis „Mama“ zu nennen, ist nicht überliefert. Fakt ist aber, dass – als es Susi irgendwann nicht mehr gab und ich einzog – die Sache mit „Mama“ und „Papa“ von Anfang an beschlossene Sache war.

So weit, so gut, könnte man nun denken. Zwei Mütter, zwei Väter, acht Omas und Opas. Das lässt sich als Mops ja noch halbwegs überblicken, zumal man seine genetischen Verwandten in der Regel ohnehin kaum zu Gesicht bekommt.

Inzwischen allerdings zieht das Ganze wesentlich weitere Kreise. Und geht so weit, dass die Leute noch nicht mal mehr mit *Frauchen* verwandt sein müssen, um es – jedenfalls der Bezeichnung nach – mit *mir* zu sein.

Beispielsweise ist Frauchen Einzelkind. Man sollte also meinen, dass ich aus dieser Ecke keinerlei neue Onkel und Tanten zu erwarten hätte. – Aber von wegen: Wie ich im Laufe der vergangenen zwei Jahre feststellen durfte, habe ich sogar einen zunehmend wachsenden Haufen davon, von dem auch nicht ein einziger sich dieselben Vorfahren mit Frauchen teilt.

Ihre beste Freundin zum Beispiel ist für mich „Tante Babette". Außerdem gibt es – unter anderem – noch „Tante Britta" und „Tante Vanessa", „Onkel Frank" und „Onkel Dave", „Tante Nina" und so weiter. – Sie sehen, wo das hinführt.

Inzwischen habe ich jeden Versuch aufgegeben, diesen bunt durcheinander gewürfelten „Stammbaum" noch in irgendeiner Weise durchblicken zu wollen. Und nachdem Frauchen, was das Thema angeht, offenbar ohnehin völlig außer Kontrolle ist, habe ich prophylaktisch einfach schon mal damit angefangen, jeden, den ich öfter zu Gesicht bekomme, in mein geistiges Stammbuch aufzunehmen.

Den Typen, der die Pakete mit meinen Futterdosen liefert, habe ich zum Beispiel „Onkel Fresschen" getauft. Außerdem gibt es noch „Onkel und Tante Tierarzt", „Tante Irina" und „Tante Jana" aus dem Friseursalon und „Opa Baumarkt" (er ist schon etwas älter).

Nur für die Mädels aus der Zoohandlung, die mir freundlicherweise bei jedem unserer Besuche einen Haufen Leckerchen zukommen lassen, muss ich mir noch eine Regelung einfallen lassen. Ihre Namen kenne ich nicht – und wenn, könnte ich sie mir ohnehin nicht merken. Vorläufig habe ich deshalb beschlossen, ihnen einfach Zahlen zuzuordnen. Derzeit gibt es also „Tante Zoohandlung“ eins bis acht und „Onkel Fischabteilung“ eins und zwei.

Ich hoffe nur, dass „Opa Lüneburger Heide“ nicht irgendwann mal auf die Idee kommt, einen Stammbaum all dieser „Verwandtschaftsgrade“ anfertigen zu wollen. Wie ich höre, soll er sich sehr für Ahnenforschung interessieren. Ich fürchte allerdings, er würde sich die Haare raufen.

Wie auch immer: Inzwischen hab ich mich halbwegs an das System gewöhnt. Und bin darauf gefasst, dass sich meine „Familie“ künftig wohl kontinuierlich erweitern wird. Soweit also alles gut.

Eines allerdings möchte ich hier zur Sicherheit schriftlich festhalten: Niemals und unter keinen Umständen wird die Katze meine „Schwester“!

Mehr nächste Woche.

Mit mopsigen Grüßen,

Ihr Eddie

13. Nur keine Panik!

Tag auch.

In den letzten Tagen hatte ich mehr als ausreichend Gelegenheit dazu, Tierarzt-Praxen von innen zu studieren. Erst schleppte mich Frauchen zur Impfung, kurz darauf pikste mir die verstrahlte Katze ihre Pfote ins Auge und dann machte plötzlich auch noch mein Magen Ärger. Und weil man in der Regel nicht mit Ankündigung krank wird, haben Frauchen und ich eine ganze Menge Zeit in Wartezimmern verbracht.

Eigentlich sollte man ja meinen, dass es da ganz lustig zugeht – jedenfalls dachte ich das damals, bei meinen allerersten Tierarztbesuchen. Die Voraussetzungen dafür wären eigentlich optimal: Du kommst in einen Raum mit ganz vielen Hunden, sämtliche Katzen sind schön sicher in Transportkörben verstaut und Getränke werden üblicherweise auch bereitgestellt. Sozusagen perfekte Bedingungen für eine Hundeparty, fand ich.

Im Laufe der Zeit wurde mir allerdings klar, dass diese Einschätzung nicht von besonders vielen Hunden geteilt wird. Mit Staunen beobachtete ich stattliche Bernhardiner und ausgewachsene Deutsche Doggen, die zitternd auf die Schöße ihrer diversen Frauchen kriechen wollten. Andere – vom Dackel bis zum Dalmatiner – verzogen sich mit eingekniffenem Schwanz in irgendwelche Ecken oder unter Stühle und Bänke im Wartezimmer. Und die wenigen, die ihrem Schicksal tapfer ins Antlitz blickten, hatten zumindest schlechte Laune. Wenn ich da schwanzwedelnd und freundlich zum Schnuppern ankam, erntete ich nur Knurren und schiefe Blicke.

Der einzig wirklich Gelassene, den ich in all der Zeit in einem Wartezimmer getroffen habe, war ein knallbunter Ara, der seelenruhig auf seiner Stange hockte, Schimpfwörter aufsagte, dass die Balken krachten, und sich dabei offenbar prächtig amüsierte.

Nun könnte man meinen, die Kollegen, die ich beim Arzt getroffen habe, seien vielleicht alle ganz schlimm krank gewesen und hatten deshalb solche Angst – das wäre ja verständlich gewesen. War aber nicht so. Weiß ich, weil sich ja Hundebesitzer im Tierarzt-Wartezimmer immer sehr eingehend unterhalten.

So erfuhr ich zum Beispiel, dass die Dogge nur zum Krallenschneiden da war und der Bernhardiner wegen eines Schnupfens. Der Rest holte sich größtenteils nur die alljährliche Impfung ab. Klar, Impfen ist doof. Und Kranksein nervt. Aber wenn man nicht ernsthaft krank ist, sollte man ja eigentlich im Wartezimmer keine Panik schieben müssen, oder?

Seither überlege ich, was da zwischen manchen Hunden und ihren medizinischen Betreuern eigentlich falsch gelaufen sein mag. Ich zum Beispiel habe meinen Ärzten – es sind insgesamt drei – schon als Jung-Hund einfach mal vorsorglich durch gefährlich klingendes Knurren klargemacht, dass sie mir ja nicht blöd kommen sollen. – Seitdem läuft der Hase. Sämtliche Tierärzte sind darauf konditioniert, dass ich vor jeder Behandlung erst mal mit Leckerchen gnädig gestimmt werden möchte.

Hinterher natürlich auch. Und im Optimalfall auch mal zwischendrin. Funktioniert 1a.

Ehrlicherweise muss ich aber dazu sagen, dass das bei meinen Tierärzten – so im Nachhinein betrachtet – gar nicht nötig gewesen wäre. Die sind nämlich alle total nett. Wenn ich reinkomme, werde ich erst mal freundlich begrüßt und wir unterhalten uns eine Runde – ja, wir, der Tierarzt und ich. Und wenn ich untersucht werden muss, erklären sie mir alles und sind ganz vorsichtig.

Im Urlaub erhielt ich dann allerdings eine Kostprobe davon, wie es anderswo zugehen kann: Wie Sie sich erinnern werden, hatte ich mir eine Kralle eingerissen, sah allerdings nicht ein, dass man wegen eines solchen Kinkerlitzchens mit einem blöden Verband durch die Gegend rennen muss, und warf selbigen deshalb gleich mehrfach erfolgreich ab. Nachdem das zum zweiten Mal passiert war, chauffierte Frauchen mich in eine Hundeklinik, wo sich denn auch gleich einer der mordswichtigen Oberarzt-Professoren-Chefs der Sache annahm.

Ich ging also rein und erwartete routinemäßig mein Einstiegs-Leckerchen. War aber nicht. Stattdessen wurde ich lieblos auf einen kalten Tisch gehievt und durfte meine Pfote begutachten lassen. Auch nachdem ich das brav über mich hatte ergehen lassen – die Belohnung blieb aus. Und dann kam das Beste: Ohne jede Vorwarnung packte mich der Typ an allen vier Pfoten und schmiss mich einfach auf den Rücken, um sich das Ganze noch mal aus einer anderen Perspektive anzugucken. Ich war entsetzt. Und Frauchen hat dem Mann ordentlich die

Meinung gegeigt. Mal ehrlich: Muss denn so was sein?

Seither verstehe ich, wieso manche Hunde beim Tierarzt schlechte Laune haben. Wäre das eines meiner ersten Erlebnisse in einer Praxis gewesen, hätte ich danach auch keine Lust mehr gehabt, da je wieder hinzugehen. Ich möchte lieber nicht wissen, wie es mir ergangen wäre, hätte der Mann auch noch Fieber messen müssen...

Jedenfalls weiß ich jetzt doppelt zu schätzen, was ich für tolle Tierärzte habe. Aber die Hunde im Wartezimmer, die wissen das halt nicht alle. Wenn ich beim Tierarzt also auf einen neuen Kollegen stoße, verklickere ich dem erst mal, dass er sich keine Sorgen zu machen braucht. Die meisten beruhigt das ungemein und sie gehen gleich viel entspannter in die Behandlung.

So sollte das auch sein, finde ich. Schließlich sind ja die meisten Tierärzte doch richtig nett und geben sich eine Menge Mühe. Und falls man als Hund doch mal einem über den Weg läuft, der offenbar einen schlechten Tag hat, hilft vielleicht auch einfach mal ein Hinweis von Frauchen. Mit ein paar Leckerchen sieht die Welt schließlich gleich viel besser aus – nicht nur beim Tierarzt.

Mehr nächste Woche.

Mit mopsigen Grüßen,

Ihr Eddie

14. Von Liebe und mopsigem Größenwahn

Tag auch.

Es ist zwar noch nicht mal Dezember, trotzdem standen bei uns diese Woche die Zeichen schon ziemlich auf Weihnachten. Frauchen verzichtet meistens auf umfangreiche Weihnachts-Deko, nachdem die Katze selbige im vorletzten Jahr komplett auseinander genommen hat. Dafür hat Herrchen aber schon mal den Friseursalon auf Weihnachten getrimmt, und im Freundeskreis wurde bereits eifrig gebacken.

Ich persönlich bin ja nicht so der Weihnachtsfan. An den Weihnachtsmann glaube ich natürlich sowieso nicht mehr. Schließlich bin ich dem Welpen-Alter schon lange entwachsen und weiß insofern, dass der Weihnachtsmann in Wahrheit eine Frau ist und „Frauchen" heißt. Abgesehen davon hält die Sache mit dem Schenken ja auch nicht immer, was sie verspricht.

Nicht, dass Sie das falsch verstehen. Es ist nun nicht so, dass ich nichts kriegen würde. Oder dass Frauchen sich beim Schenken nicht alle erdenkliche Mühe gäbe. Aber irgendwie war Weihnachten bei mir bislang in Sachen Geschenke trotzdem eher nicht so der Knüller.

Vor zwei Jahren – da war ich quasi gerade erst bei Frauchen und Herrchen eingezogen – kriegte ich zum Fest einen unterarmgroßen Rinder-Hüftknochen, dessen Anblick mich natürlich zunächst auch völlig entzückte. Nur wusste damals halt noch keiner – inklusive mir selbst –, dass Kuh und Eddie gar keine gute Kombination sind. Anscheinend hab ich da eine Art Allergie, was dazu führte, dass ich nach Heiligabend zwei Tage lang mit Bauchweh im Bett lag.

Vergangenes Jahr ging Frauchen dann auf Nummer sicher und verzichtete auf Naschkram für mich. Stattdessen wollte sie mich mit einem überteuerten Snackball beglücken, der stundenlange Spielfreuden versprach. Der erwies sich allerdings als Fehlkonstruktion. Wenn man ihn nur einen Meter über den Boden rollte, flog schon alles raus, sodass das Spielvergnügen ziemlich schnell beendet war. – Lieb gemeint, aber auch nicht so der Hit.

Dieses Jahr hatte ich mich deshalb entschieden, Frauchen vorsorglich einen Weihnachts-Wunschzettel zu diktieren. Kann ja nicht schaden, wenn man mal ein paar hilfreiche Ideen in den Raum wirft.

Als Erstes setzte ich einen extragroßen Napf meines Lieblingsfutters auf die Liste (von dem ich garantiert *kein* Bauchweh kriege), ergänzt um eine Portion meiner Lieblings-Leckerchen. Schließlich möchte man als Mops auch mal was zu knabbern haben, wenn alle anderen sich unterm Tannenbaum kiloweise Weihnachtsgebäck einwerfen.

Dann allerdings fiel mir ein, dass Frauchen mir – aus mir persönlich unerfindlichen Gründen – schon seit Monaten eine eigene Kreditkarte verweigert, sodass ich mir vorm Urlaub an diesem blöden Meer noch nicht mal eine Hunde-Rettungsweste bestellen konnte.

Mit diesem Gedanken im Hinterkopf beschloss ich, in Sachen Weihnachts-Wunschzettel in größeren Dimensionen zu denken: Die Hunde-Rettungsweste ließ ich Frauchen gleich mal auf die Liste setzen, zusammen mit ein paar Hunde-Gummistiefeln gegen nasse Pfoten. Ich hoffe zwar immer noch, dass wir beim nächsten Mal auf Urlaub am Wasser verzichten und stattdessen irgendwo hinfahren, wo man seine freien Tage trockenen Fußes genießen kann. Aber ehrlich: So wirklich glaube ich nicht daran. Und Vorsicht ist die Mutter aller – na, Sie wissen schon.

Frauchens Blick wurde angesichts der wachsenden Liste zwar immer kritischer, aber davon darf man sich als Mops nicht einschüchtern lassen. Nachdem ich nun schon einmal mittendrin war, grübelte ich also weiter – und fand unerwartete Inspiration durch die Katze.

Wie ich aus dem Augenwinkel beobachten konnte, war sie nämlich gerade wieder einmal im Begriff, es sich in meinem Körbchen bequem zu machen, also setzte ich ein zusätzliches auf die Liste. Frauchens Einwand, dass wir inzwischen – bei einer Katze und einem Eddie – vier Körbchen, eine Kuschelhöhle, eine Hängematte und diverse Decken unser Eigen nennen, ignorierte ich dabei wohlweislich.

Dann fiel mir ein, dass man auch ans Thema Freizeitvergnügen denken sollte: Nachdem ich neulich im Internet einem Bulldogen-Kumpel beim Skateboard-Fahren zugeschaut hatte, fand ich, ich sollte mich auch mal daran versuchen. Also wanderte das Skateboard ebenfalls auf den Zettel. Zur Sicherheit ergänzte ich das Ganze noch um einen Ball und ein paar neue Quietschtiere. – Gehen ja immer so schnell kaputt, die blöden Dinger. Und außerdem soll ja unterm Weihnachtsbaum keine Langeweile aufkommen.

Inzwischen wirkte Frauchen dann doch ein bisschen genervt. Schließlich, meinte sie, nenne sich das Ganze „Fest der Liebe“ und nicht „Fest des mopsigen Größenwahns“. Den „Größenwahn“ ließ ich einfach mal an meinen Mops-Ohren vorbeirauschen, aber beim Stichwort „Liebe“ wurde ich hellhörig: Das Allerwichtigste überhaupt hatte ich ja völlig vergessen!

Als ich Frauchen bat, das Wort „Miley“ auf die Liste zu setzen, wurde ihre Miene schon deutlich weicher. Hey, sie wirkte sogar richtig gerührt. Sie wissen doch noch, wer Miley ist, oder? – Meine ganz große Mops-Liebe nämlich.

Frauchen allerdings erklärte mir dann, sie verstehe meinen Wunsch, mit Miley unterm Weihnachtsbaum zu sitzen, natürlich sehr gut. Allerdings habe sie doch große Zweifel, dass Mileys Frauchen und Herrchen gerade zu Weihnachten auf sie verzichten wollten. Das fand ich natürlich ziemlich doof, andererseits auch irgendwie verständlich.

Frauchen und ich haben dann beschlossen, stattdessen ein Treffen mit Miley auf den Wunschzettel zu schreiben – vor Heiligabend oder danach. Oder, noch besser, beides. Dafür war ich dann auch bereit, den Großteil meiner vorherigen Wünsche wieder zu streichen.

Das Skateboard hab ich aber auf der Liste stehen lassen. Schließlich kommen sportliche Mops-Kerle bei Frauen super an. Vielleicht kann ich – mit ein bisschen Übung – ja Miley nächstes Jahr mit meinen neuen Fahrkünsten beeindrucken. Oder wir drehen im Sommer gemeinsam eine Runde auf dem Ding. Als Mops ist man ja nicht allzu groß, da sollten auch zwei von uns auf so ein Skateboard passen.

Ich sehe es schon vor mir, wie wir beide zusammen in den Sonnenuntergang rollen... Hach, ich bin eben doch ein unheilbarer Romantiker.

Mehr nächste Woche.

Mit mopsigen Grüßen,

Ihr Eddie

15. Wenn der Mops-Bote zweimal klingelt

Tag auch.

Manche Hunde haben ja zu Postboten ein eher gespaltenes Verhältnis. Einer von denen hat Frauchen zum Beispiel mal erzählt, dass er bei einigen Leuten die Briefe nur noch über den Gartenzaun reicht, weil deren Hunde ihn ansonsten regelmäßig vom Grundstück jagen.

Ich muss ja zugeben: Ich war anfangs auch eher skeptisch. Als ich vor zweieinhalb Jahren vom Tierheim zu Frauchen und Herrchen zog, war ich natürlich echt begeistert, endlich mal ein Territorium zu haben, das mir gehört – und nur mir. Zusätzlich verfügen die beiden auch noch über eine kleine, erhöhte Veranda am Haus, von der sich der Garten – inklusive Gartentörchen – prima überblicken lässt.

Und nun stelle man sich das Ganze mal aus Hundesicht vor: Ich liege an einem wunderschönen Sommertag wohlig ausgestreckt auf der Terrasse, ein paar Bienen summen herum, die Vögel zwitschern. Und dann geht einfach so das Gartentor auf und ein wildfremder Typ kommt, völlig ungefragt, aufs Haus zu. – Also bitte: Woher soll man denn da als Hund wissen, dass das ein Freund ist? Immerhin könnte das ja auch ein Einbrecher sein, der es auf meinen Fressnapf abgesehen hat. Oder auf mein Körbchen. Oder Schlimmeres.

Beim ersten Besuch hab ich dem Mann also erst mal klargemacht, wo der Mops die Locken hat, mich beeindruckend breitschultrig auf der Terrasse aufgebaut und mordsgefährlich gebellt – nicht, dass der denkt, bloß weil ich klein sei, könne ich ihn nicht zur Not ordentlich in den Hintern beißen, falls er mir oder Frauchen blöd kommt.

Inzwischen hat sich unser Verhältnis aber deutlich entspannt. Das liegt zum einen natürlich daran, dass ich ihn jetzt kenne. Andererseits hab ich festgestellt, dass der Typ im Prinzip ja nur in zweiter Linie die Aufgabe hat, Frauchen Briefe zu bringen. Viel wichtiger finde ich, dass er darüber hinaus ja auch ein Mops-Bote ist – nein, nicht weil er Möpse vorbeibringen würde, aber eben jede Menge tolle Sachen *für* den Mops. Und Päckchen für den Mops sind immer und ausnahmslos eine gute Sache.

Schon das Auspacken an sich ist ja mordsspannend. Und drinnen findet man immer wieder irgendwas ganz Tolles – manchmal sogar Dinge, mit denen man gar nicht gerechnet hat. Regelmäßig schleppt der Mops-Bote zum Beispiel unter großem Schwitzen und Stöhnen riesige Pakete mit Futter für mich an, die er uns, obwohl die tausend Tonnen wiegen müssen, immer ganz freundlich bis zur Tür bringt.

Weil Frauchen mein Futter meist gleich in größeren Mengen bestellt, legt der Hersteller manchmal sogar noch ein Geschenk für mich bei – einen Plüschknochen zum Beispiel. Und diese Woche hat der Mops-Bote mir sogar was ganz, ganz Tolles gebracht: ein eigenes Mond-Körbchen nämlich. Das ist zwar so weich und flauschig, dass die doofe Katze regelmäßig versucht, es mir abzuluchsen. Aber dafür kann man ja nun dem Mops-Boten keinen Vorwurf machen.

Wie ich höre, soll er auch diese Woche wieder mit einer größeren Lieferung Futter vorbeikommen. Ganz bald, hoffe ich, wird er mir auch endlich meinen neuen coolen Mops-Anorak bringen – aus dem alten war ich rausgewachsen, und schließlich haben die hier Schnee angesagt. Und dann steht ja auch noch Weihnachten vor der Tür. Beauftragter des Weihnachtsmanns – der in Wahrheit natürlich „Frauchen“ heißt – ist der Mops-Bote nämlich auch.

Also, an all meine vierpfotigen Freunde, die bislang der Meinung sind, der Postbote sei ein gefährlicher Eindringling: Stimmt gar nicht. Der Mops-Bote – der übrigens ungeheuer flexibel ist und bei Bedarf auch problemlos auf Doggen-, Pudel-, Schäferhund- oder Mischlings-Bote umschalten kann – ist euer Freund. Und: Man sollte sich unbedingt gut mit ihm stellen.

Damit er mir auch künftig so nette Pakete bringt, habe ich Frauchen deshalb gesagt, sie solle mal ein Glas mit Leckerchen neben die Tür stellen, damit sie immer was zur Belohnung zur Hand hat, wenn der Mops-Bote kommt. Mein Tierarzt hat schließlich auch so ein Glas für mich – und seitdem gehe ich da noch viel lieber hin.

Frauchen ist da aber skeptisch. Sie sagt, sie bezweifle, dass der Mann von meinen Leckerchen besonders begeistert wäre, was mich wundert, weil die echt unheimlich gut schmecken. Ein bisschen wählerisch scheint der Typ also schon zu sein. Aber was soll’s – jeder hat ja so seine Macken. Und so lange er mir hier regelmäßig meine Päckchen anschleppt, sollen mir seine sonstigen Vorlieben schnuppe sein. Nehme ich halt die Pakete an – und esse die Leckerchen einfach selbst.

Mehr nächste Woche.

Mit mopsigen Grüßen,

Ihr Eddie

16. Der ganz normale Weihnachts-Wahnsinn

Tag auch.

Es gibt ja so Dinge, die muss man einfach selbst ausprobieren, um zu glauben, dass sie wirklich, *wirklich* so blöd sind, wie immer alle behaupten. Weihnachtseinkäufe zum Beispiel.

Frauchen war da ja nie ein großer Fan von, was ich irgendwie gar nicht verstehen konnte. Bislang hatte sie mich beim Weihnachtskauf zwar immer zu Hause gelassen, aber eigentlich, dachte ich, müsste das doch ganz nett sein: Jede Menge tolle Geschenke kaufen, andere Hunde treffen, die auch gerade auf Weihnachtstour sind – und zwischendurch auf dem Weihnachtsmarkt die eine oder andere runtergefallene Bratwurst abstauben.

Als Frauchen also vor einigen Tagen zum Weihnachtseinkauf aufbrechen wollte, guckte ich sie so mitleiderregend an, dass sie schließlich einwilligte, mich mitzunehmen. Im Auto war ich denn auch voller Vorfreude auf all die Abenteuer, die uns erwarten würden – und, wie gesagt, auf die Bratwürste. Es dauerte zwar ein bisschen, bis wir im Parkhaus einen freien Platz ausfindig gemacht hatten, und Frauchen ließ hinterm Lenkrad auch den einen oder anderen Fluch los. – Störte mich aber nicht. Im Geiste war ich schon am Bratwurststand.

Meine versonnene Träumerei nahm dann allerdings ein ziemlich jähes Ende: Als wir in der Fußgängerzone ankamen, glaubte ich zuerst, wir hätten uns verlaufen. Sie kennen den Spruch, bei dem man vor lauter Bäumen den Wald nicht mehr sieht? – Ich jedenfalls erkannte vor lauter Leuten die Stadt nicht mehr.

Hey, ich weiß ja nicht genau, wie viele Menschen so auf der Welt wohnen. Aber ich bin sicher: An diesem Tag waren sie *alle* in der Fußgängerzone. Es war so eng, dass Frauchen noch nicht mal hätte die Arme ausstrecken können, ohne jemanden umzuschubsen. Und wie es mir als nicht ganz so großem Hund zwischen Tausenden von Füßen ging, können Sie sich vielleicht vorstellen.

Bratwurst und Geschenke hatte ich jedenfalls binnen Sekunden vergessen: Schließlich musste ich meine Pfoten in dem Gewühl vor der drohenden Vernichtung retten. Im Vorbeigehen sah ich fünf, sechs andere Hunde – doch wir waren alle so beschäftigt damit, nicht niedergetrampelt zu werden, dass wir noch nicht einmal Zeit hatten, uns einander vorzustellen.

Frauchen, die offenbar selbst nicht mit einem solchen Massenauflauf gerechnet hatte, passt aber natürlich immer genau auf, dass es mir gut geht. Also nahm sie mich hoch, um mich vor dem Gröbsten zu bewahren. Und weil so ein Mops-Mann schließlich kein Meerschwein ist und sich nicht stundenlang tragen lässt, beschlossen wir, nur das Allernötigste zu kaufen und dann ganz, ganz schnell wieder aus der Stadt zu verschwinden.

„Schnell“ allerdings kann man bei Weihnachtseinkäufen komplett vergessen. Vor jeder Kasse gab es ewig lange Schlangen. Als wir an der dritten bereits über eine Viertelstunde gewartet hatten, gab Frauchen schließlich entnervt auf und entschied, dass wir uns auf den Heimweg machen würden.

Auf dem Rückweg zum Auto machte ich dann eine erstaunliche Entdeckung: Mitten in der Fußgängerzone stand plötzlich ein Wald, der da noch ein paar Wochen zuvor nicht gewesen war. Er war zwar nicht sehr groß und es stand auch nur eine einzige Sorte Bäume mit piksenden Nadeln darin herum. Trotzdem war ich begeistert. Vor allem deshalb, weil er überhaupt nicht nach Hund roch. Bislang, stellte ich mittels aufmerksamer Schnüffel-Arbeit fest, hatte dort noch nicht ein einziger Kollege seine Duft-Spur hinterlassen.

Was für eine einzigartige Gelegenheit! Mir bot sich die Chance, einen ganzen Wald als meinen Besitz zu markieren! Gerade wollte ich ein Bein heben, um meine Position als neuer Chef der Fußgängerzone für jeden Hund unmissverständlich zu verdeutlichen, als ich von Frauchen einen Rüffel kassierte. Ich hätte wohl einen Vogel, meinte sie, das gehe ja nun gar nicht. Schließlich wolle sich die Weihnachtsbäume ja auch noch mal wer ins Wohnzimmer stellen.

Mit wehmütigem Blick verabschiedete ich mich also von meinem erhofften Königreich. Schmollend legte ich die letzten Meter bis zum Parkhaus zurück, bis ich direkt davor einen Lichtblick ausmachte – in Gestalt eines Bratwurststandes.

Auch der allerdings entpuppte sich als Reinfall: Frauchen selbst isst ja eh keine Wurst, sondern nur so komisches Grünzeug. Und der Besitzer der Bude legte offenbar auch noch größten Wert auf Sauberkeit: Jedenfalls konnte ich trotz aller Schnüffelei auch nicht den winzigsten runtergefallenen Bratwurst-Fitzel ausmachen. – Enttäuschung also auf ganzer Linie.

Immerhin kriegte ich, zu Hause angekommen, einen besonders großen Napf Futter zur Entschädigung. Und anschließend legte Frauchen mit mir noch eine extra Kuschel-Runde vor dem Kamin ein, damit ich mich von dem Stress erholen konnte.

Trotz alledem: Bei Weihnachtseinkäufen, soviel steht fest, bleibe ich künftig zu Hause. Der ganze Trubel soll mir gestohlen bleiben. Stattdessen, habe ich mir überlegt, werde ich mit Frauchen demnächst noch mal in die Diskussion um eine Kreditkarte für mich einsteigen. Schließlich muss man ja als Mops die Sachen, die man verschenken will, auch irgendwo herkriegen. Mal sehen, vielleicht lässt sie sich ja endlich erweichen.

Ansonsten muss ich halt doch auf meinen ursprünglichen Plan zurückgreifen: Seit Frauchen nämlich eine Großpackung Kaurollen für mich bestellt hat, verstecke ich jeden Tag eine davon in einer total geheimen Ecke des Hauses. – Ich bin sicher, Frauchen und Herrchen werden sich riesig freuen, wenn sie die an Heiligabend alle finden.

Mehr nächste Woche.

Mit mopsigen Grüßen,

Ihr Eddie

17. Von Spielspaß und Spielfrust

Tag auch.

Neulich lag ich so vorm Kamin und habe die Katze beobachtet. Wie Sie ja wissen, ist mein Verhältnis zu ihr eher gespalten, weil sie grundsätzlich einfach alles beansprucht, was mir gehört – völlig egal, ob es sich dabei um mein Körbchen, das Sofa oder auch um mein Essen handelt.

Eines allerdings muss man Katzen ja lassen, stellte ich bei meinen Beobachtungen fest: Was ihr Spielzeug angeht, sind sie echt bescheiden.

Als wir neulich beispielsweise mein Futterpaket auspackten, waren da ein paar Plastikschnüre drum herum. Ich selbst fand die Dinger ja irgendwie völlig nichtssagend und öde, die Katze dagegen kriegte sich überhaupt nicht mehr ein. Geschlagene zwei Stunden tollte sie mit dem Teil durchs Wohnzimmer, nahm immer wieder Anlauf, um es aus der Ferne anzuspringen, und war völlig aus dem Häuschen – mir schleierhaft, was an so einer Schnur so wahnsinnig aufregend sein soll.

Aber irgendwie ist das bei Frau Kratzbürste immer so. Sobald auch nur ein Bindfaden am Horizont auftaucht oder irgendwo ein Palmwedel auf den Boden segelt, weil Frauchen mal wieder vergessen hat, die Blumen zu gießen, ist Madame Katze zur Stelle und tobt damit rum, als ob es kein Morgen gäbe. Selbst mit einer gekochten Spaghetti kann man sie stundenlang beschäftigen. Ich würde die ja einfach essen – aber gut, Katzen sind halt ein bisschen anders als andere Tiere, das ist ja hinlänglich bekannt.

Ich bin da ja sehr viel kritischer. Nachdem ich nun schon eine ganze Weile bei Herrchen und Frauchen bin, haben wir diverse Spielzeuge durchgetestet. Und mal ehrlich: Bei einigen davon muss ich mich schon fragen, was sich die Erfinder von Hundespielzeug manchmal eigentlich denken.

Eins meiner ersten Spielzeuge hier war zum Beispiel so ein komisches Ding, das aussieht wie ein Knochen, in Wahrheit aber aus ungefähr einer Million Fäden besteht. Gehörte meiner Vorgängerin, Susi, die inzwischen im Hundehimmel ist und – wie Frauchen mir berichtete – auch nicht wirklich damit spielen wollte.

Nachdem ich es fünf Minuten lang ausprobiert hatte, wusste ich auch, warum: Einmal zu fest daran gezogen oder ein bisschen energischer darauf herumgekaut, und schon hatte ich jede Menge fieser Fäden im Hals, am Gaumen und zwischen den Zähnen. Gar nicht schön. Hätten Sie auf so was Lust? Nee, oder? – Na, also. Mops-Spielzeug-Test eindeutig nicht bestanden.

Den zweiten Anlauf machte ich mit einer Variation von Quietschtieren. Sie wissen schon: Das sind diese Gummidinger, die immer dann eine Menge Lärm veranstalten, wenn man draufbeißt, was auf mich anfangs durchaus eine gewisse Faszination ausübte. Zumal die Katze das Geräusch anscheinend weniger toll fand und sich regelmäßig verzog, sobald sie es hörte. – Ein wirklich angenehmer Nebeneffekt, wie ich fand.

Allerdings währte das Vergnügen nur kurz: Logischerweise nämlich will man als Hund auch auf den Dingern rumbeißen, weshalb in der Regel binnen weniger Minuten irgendeine Ecke davon ab war. Das wiederum führte nicht nur dazu, dass es mit dem lustigen Quietschen ein jähes Ende nahm, sondern sorgte auch dafür, dass Frauchen mir regelmäßig im Mund rumpuhlte, damit ich das Plastik nicht verschluckte. – Auch nicht so der Hit, wenn Sie mich fragen.

Irgendwann machte Frauchen dann eine neue Entdeckung bei den Hunde-Spielwaren: Den Leckerchen-Ball. Ich weiß nicht genau, wie das alles funktioniert, aber jedenfalls tut man da am einen Ende was rein und am anderen fällt es raus. Das Ganze versprach stundenlange Spielfreuden – soweit die Theorie.

In der Praxis dauerte es ungefähr zwölf Sekunden, bis sämtliche Leckerchen wieder rauspolterten. Frauchen probierte es mit verschiedenen Snacks, aber der Effekt blieb derselbe – und der Spielspaß eher mau.

Hätte ich zu diesem Zeitpunkt gewusst, dass es das Ding auch noch in einer total durchdachten und super gemeinen Variante gibt, hätte ich mich über die erste Version aber garantiert nicht beschwert und deutlich mehr Begeisterung geheuchelt:

Leckerchen-Ball Nummer zwei erreichte uns in einem Paket von Oma und Opa – und der hatte es in sich. Das Teil hat nur eine einzige Öffnung, die sich auch noch irgendwie verstellen lässt, je nach Leckerchen-Größe oder so. Und im Ernst: Ich als

Hund bin ja der festen Überzeugung, dass sich so was nur jemand ausdenken kann, der Hunde überhaupt nicht leiden kann. Ehrlich mal: Ist doch superfies. Da riecht ein Ball nach den himmlischsten Sachen – und dann kriegt man die nicht raus.

Stundenlang musste ich das blöde Ding durchs Zimmer rollen, bis vielleicht mal zwei, drei Stückchen rauskamen. Klar: Beschäftigt war ich. Aber meine Laune war danach echt im Keller.

Bei alldem lobe ich mir meine Stofftiere. Auch die überleben denn Alltagseinsatz meistens zwar nicht lange unbeschadet – schließlich bin ich ein kerniger Mops-Typ und zerre auch gern mal so richtig an den Dingern rum. Mein Plüschelefant zum Beispiel sieht nach einem Jahr doch ein bisschen mitgenommen aus. Der Schwanz hängt nur noch an einem dünnen Faden, und der Rüssel macht auch keinen ganz taufrischen Eindruck mehr. Auch mein Stoff-Schaf hat die eine oder andere Kriegsverletzung davongetragen und muss sich jetzt mit nur einem Ohr und eineinhalb Beinen durchs Leben schlagen.

Dennoch: Ich liebe meine Stofftiere. Man kann sie jagen und darauf herumkauen, tolle Zerrspiele damit veranstalten – oder einfach mit ihnen im Körbchen liegen und kuscheln. Frauchen darf deshalb auch keins davon wegwerfen. Egal, wie kaputt sie sind: Meine Stofftiere gebe ich nicht her.

Erst kürzlich habe ich ein Neues bekommen: eine quietschgelbe Ente, die mir in meiner Sammlung noch fehlte. Zur Begrüßung haben wir erst mal eine Runde gespielt und dann durfte sie die erste Nacht mit in meinem Körbchen schlafen, damit sie sich in ihrem neuen Zuhause nicht so allein fühlt.

Soweit also alles gut.

Über die Macken der anderen Spielzeuge muss ich bei Gelegenheit aber dringend mal mit einem Verantwortlichen sprechen. Vielleicht, habe ich mir überlegt, suche ich mir einfach einen Nebenjob als Hundespielzeug-Tester. Das könnte mir zwar weitere nervige Erfahrungen bescheren – aber ich finde ja, ich darf nicht nur an mich denken. Schließlich ist man als Mops-Kolumnist ja auch seinen Hunde-Kollegen verpflichtet, oder? – Na, eben.

Mehr nächste Woche.

Mit mopsigen Grüßen,

Ihr Eddie

18. Eddies Weihnacht oder: Auch ein Mops wird mal besinnlich

Tag auch.

So, nur noch dreimal schlafen, dann ist schon Heiligabend. Ich bin schon ganz schön aufgeregt und jeden Tag ganz gespannt, was denn wohl für mich unterm Baum liegen wird.

Bei uns zu Hause hat Frauchen allerdings diesmal wieder auf die Weihnachts-Deko verzichtet. Und wer ist schuld daran? – Natürlich die Katze. Unsere Kija nämlich will trotz ihrer 22 Jahre einfach nicht ruhig und erwachsen werden und nimmt jede Art von Weihnachtsschmuck rigoros auseinander. Also meinte Frauchen, bevor wir demnächst eine völlig verknotete Katze aus Lametta und Lichterketten entwirren müssen, lassen wir das Ganze lieber gleich sein.

Ich persönlich hätte ja einen Baum im Wohnzimmer super praktisch gefunden – vor allem, wenn es draußen regnet und schneit. Aber höchstwahrscheinlich wäre Frauchen ohnehin nicht besonders begeistert gewesen, wenn ich den dann als Notfall-Baum verwendet hätte, um draußen nasse Füße zu vermeiden.

An Weihnachtsstimmung wird es bei uns aber trotzdem nicht fehlen. Heiligabend werden wir, wie immer, bei Oma und Opa verbringen, was super ist, weil Oma mich immer mit jede Menge Leckerchen versorgt. Und weil die beiden keine Katze haben, bin ich auch optimistisch, dass der Baum die Feiertage heil übersteht.

So oder so habe ich mir vorgenommen, der Katze die Tatsache nicht allzu übel zu nehmen, dass wir wegen ihr erneut auf feierliche Dekoration verzichten. Immerhin ist ja Weihnachten – und das ist schließlich bekanntermaßen das Fest der Nächstenliebe. Also werde ich mir über die Feiertage mit der Katze ganz viel Mühe geben und besonders nett zu ihr sein. Ich habe zwar die dunkle Ahnung, dass das umgekehrt nicht unbedingt der Fall sein wird – aber schließlich, hab ich mir überlegt, ist sie ja schon ganz schön alt und kann vielleicht auch nicht immer was für ihre komischen Launen.

Auch sonst habe ich mir in den vergangenen Tagen ziemlich viele Gedanken gemacht. Klar, Weihnachten ist toll, und das sollen auch alle genießen. Aber da ich ja nun mal selbst aus dem Tierheim komme, weiß ich auch, dass es auf der Welt zu Weihnachten ganz schön viele Vierbeiner gibt, denen es gar nicht so gut geht wie mir. Manche sitzen vielleicht in einem Tierheim, wie ich damals, andere frieren jetzt irgendwo auf der Welt in der Kälte.

Ein Weilchen habe ich überlegt, ob ich einem dieser Hunde vielleicht einfach mein Skateboard überlassen soll – falls ich denn zu Heiligabend eins bekommen sollte. Frauchen meinte aber, dass das zwar sehr lieb sei, fehlende Skateboards für solche Hunde aber sicher nicht die größte Sorge seien und dass ich mein Geschenk ruhig behalten solle.

Ich habe sie dann gefragt, woran es denn Tieren, die so richtig in Not sind, wohl am meisten fehlt – und sie meinte: an so ziemlich allem. Und dann kam mir eine total tolle Idee: Wenn wir doch jetzt eh das

Geld für den Weihnachtsbaum und die Deko sparen, könnten wir doch stattdessen ein Päckchen für solche Hunde schnüren.

Frauchen, die mir ja noch immer keine eigene Kreditkarte erlaubt und sonst über meine Wünsche öfter mal den Kopf schüttelt, war von der Idee sofort begeistert und hat mir versprochen, dass wir das gleich zwischen den Tagen in Angriff nehmen werden.

Ich freue mich total und habe mir überlegt, dass das ein richtig großes Paket werden muss – mit warmen Decken, Futter, Spielzeug und allem, was man als Hund so braucht. Eventuell packe ich auch eins meiner neuen Stofftiere mit ein – natürlich eins, das noch ganz ist. Nicht das Stoff-Schaf, das nur noch eineinhalb Beine hat... Und ein Ball muss auch dringend mit ins Paket. Und ein paar Kauknochen. Und... Na, wir schauen mal. Ich bin schon ganz gespannt aufs Einkaufen und Verpacken und werde auf jeden Fall weiter berichten!

Bis dahin wünsche ich allen Zwei- und Vierbeinern ein ganz, ganz tolles Fest, eine gemütliche und entspannte Zeit im Kreis von Familie und Freunden und besinnliche Feiertage!

Frohe Weihnachten!

Mehr nächste Woche.

Mit mopsigen Grüßen,

Ihr Eddie

19. Von lauten Böllern und guten Vorsätzen

Tag auch.

Eigentlich sollte die Zeit nach Weihnachten ja eine ruhige sein. Ich persönlich mag die Tage zwischen den Jahren und finde sie prima geeignet, um einfach mal ein gemütliches Extra-Schläfchen vor dem Kamin zu halten, mich an meinen Weihnachtsgeschenken zu erfreuen oder einfach nur darüber, dass ich drinnen im Warmen sein kann, wenn es draußen nass und kalt ist.

Menschen allerdings machen um dieses Silvester-Ding ja immer einen riesigen Zinnober. Warum man es sich zum Beispiel freiwillig antut, zum Jahreswechsel (und schon tagelang vorher) einen unfassbaren Lärm zu veranstalten, indem man tausendfach stinkige, überteuerte Böller in die Luft jagt, wird mir auf ewig ein Rätsel bleiben.

Auch die Geschichte mit den guten Vorsätzen finde ich eine ziemlich seltsame Sache. Das ganze Jahr über läuft alles wie immer. Und dann, so zwei, drei Tage vor Silvester, scheinen plötzlich alle das Gefühl zu haben, sie müssten nun dringend ihr Leben auf den Kopf stellen. Abnehmen zum Beispiel soll auf den Listen der guten Vorsätze immer ganz weit oben rangieren. Oder mit dem Rauchen oder Trinken aufzuhören. Oder mehr Bücher zu lesen. Oder Fremdsprachen zu lernen.

Als Mops hat man es mit diesem Gute-Vorsätze-Ding irgendwie schwer. Zum Beispiel rauche ich nicht, weshalb ich es mir logischerweise auch nicht abgewöhnen kann. Auch Alkohol ist bei mir kein Thema – im Sommer habe ich zwar ein- oder zweimal heimlich an Herrchens Bierglas genippt, aber ehrlich: Irgendwie ist das nicht so mein Ding. Gut, ein paar Gramm könnte ich vielleicht abnehmen – aber die Welt ist das auch nicht. Abgesehen davon habe ich gehört, dass es wichtig sei, sich realistische Ziele zu setzen, und mal ernsthaft: Als Mops weniger als drei Mahlzeiten am Tag zu essen, entbehrt, wenn Sie mich fragen, doch wirklich jeder Realität.

Auch in Sachen Fremdsprachen finde ich mich ziemlich up to date: Immerhin kann ich mich fließend nicht nur mit anderen Möpsen, sondern mit Hunden jedweder Art und Rasse unterhalten. Und selbst wenn ich die komischen Laute der Katze manchmal nicht im Wortsinn verstehe, sagt mir ihr Blick dennoch jedes Mal sehr genau, was sie eigentlich meint: in aller Regel nichts Gutes.

Katze allerdings ist ein prima Stichwort: Obwohl ich hier sonst nämlich alles echt klasse finde, könnte sich eine einzige Sache von mir aus doch gerne ändern – ihr nerviges Bedürfnis nämlich, mir im Vorbeigehen mal kurz eine zu wischen oder mich alternativ mit ihren noch vorhandenen zwei Zähnchen in den Hintern zu beißen.

In Abwesenheit eigener Vorsätze habe ich mir also überlegt, einfach für Frau Kratzbürste zu beschließen, dass sie mit diesem Blödsinn im nächsten Jahr endlich aufhört. Und um wirklich ganz sicherzugehen, dass es mit dem Vorsatz auch klappt, habe ich Frauchen mal nachlesen lassen, wie man bei der Umsetzung von Zielen am besten vorgeht. Unter anderem stießen wir dabei auf folgende Tipps:

1. Man soll sich über sein Ziel richtig gut informieren. – Ist gecheckt, bin voll informiert: Die Katze ist doof und kann Möpse nicht leiden.

2. Man soll sich Verbündete suchen. – Auch gecheckt. Frauchen ist mit im Boot. Sie findet eh, dass wir uns endlich anfreunden könnten.

Bis dahin also alles bestens. Dann allerdings kamen wir zu dem Punkt, den ich oben schon erwähnte:

3. Wenn man Ziele erreichen will, müssen sie auch realistisch sein. – Tja: Treffer, versenkt.

Seien wir ehrlich: Die Katze wird auch im nächsten Jahr keine andere sein. Sie wird mich in den Hintern zwicken, wenn es in meinem Körbchen gerade am gemütlichsten ist. Und wenn ich an ihrem Sofa oder ihrem Schaukelstuhl vorbeikomme, wird sie auch weiterhin lässig eine Pfote ausstrecken und schauen, ob sie mir nicht eben im Vorbeigehen eins hinter die Ohren geben kann.

Und wissen Sie was? – Eigentlich finde ich das auch gar nicht so schlimm. Im Prinzip ist doch alles super: Seit inzwischen zweieinhalb Jahren sitze ich nicht mehr im Tierheim, sondern habe ein klasse Zuhause, eine tolle Familie und sogar eine eigene Mopskolumne, mit der ich in diesem Jahr ganz, ganz viele tolle neue Freunde gewonnen habe. Kann es für einen Mops noch besser laufen? – Ich finde, nein.

Vielleicht, hab ich mir also überlegt, ist der beste Vorsatz für ein neues Jahr ja der, einfach ein bisschen zufriedener mit dem zu sein, was man schon

hat, sich weniger über Kleinigkeiten zu ärgern und sich über die schönen Seiten des Lebens mehr zu freuen. Klingt doch eigentlich nicht schlecht, oder?

Nur einen einzigen Wunsch hätte ich: Dass ich meine Mops-Freundin Miley demnächst öfter sehe. Aber ich denke, das kriegen unsere beiden Frauchen schon hin.

Also: Ich freue mich aufs nächste Jahr und bin schon total gespannt, was uns da alles so erwartet.

All meinen Lesern möchten Frauchen und ich „Danke“ dafür sagen, dass sie uns seit dem Start der Kolumne so toll begleitet haben und uns immer wieder so viel begeistertes Feedback zukommen lassen! Wir freuen uns auf das kommende Jahr mit Ihnen und euch, und wünschen allen Lesern von „Eddie's Weekly – hundsgemein(t)e Mopskolumnen“ einen tollen Rutsch und einen super Start in ein hoffentlich glückliches und zufriedenes Jahr!

Mehr nächste Woche.

Mit mopsigen Grüßen,

Ihr Eddie

20. Zutritt verboten!

Tag auch.

Eins muss ich ja zugeben: Was das Thema Alleinbleiben angeht, habe ich es echt luxuriös. Herrchen muss zwar jeden Tag das Haus verlassen, um anderen Leuten die Haare schön zu machen, aber Frauchen verdient ihr Geld ja mit der Schreiberei, was heißt, dass sie meistens von zu Hause aus arbeitet. Für mich hat das den großen Vorteil, dass ich rund 90 Prozent der Zeit Gesellschaft habe, was ich deutlich besser finde, als alleine – oder mit der Katze – zu Hause rumzuhängen.

Neulich allerdings musste ich gleich an zwei aufeinanderfolgenden Tagen drei, vier Stunden allein bleiben. Und warum? Weil Frauchen und Herrchen gerne neue Sofas kaufen wollten. Frauchen rief deshalb vorher in ein paar Möbelhäusern an, um zu fragen, ob sie mich denn mitbringen dürften. Würde ja auch Sinn machen: Schließlich legen die beiden auf meine Meinung bei der Möbelauswahl großen Wert.

Am Telefon hagelte es allerdings Absagen. – Ergebnis: Ich durfte nicht mit. Frauchen und Herrchen waren bei der Sofa-Auswahl auf sich gestellt, und ich musste mit der Katze zu Hause bleiben, was ich nun nicht eben prickelnd fand.

Die Zeit habe ich dann genutzt, um mir Gedanken über diese Regelungen zu machen, wo Hunde nun mit hindürfen und wo nicht. Und ich musste feststellen: Eine richtige Logik kann ich darin nicht erkennen.

Beispielsweise darf ich in den Baumarkt. Da gibt es Lampen, Schränke, Spiegel, Badezimmermöbel und so weiter, und ich bin jederzeit willkommen. Im Möbelhaus dagegen – wo es ebenfalls Lampen, Schränke, Spiegel, Badezimmermöbel und so weiter gibt – will man mich nicht haben.

Auch bei den Bäckereien, wo es immer so besonders gut riecht, blicke ich nicht wirklich durch: An den meisten hängt draußen so ein blödes Hundeverbots-Schild. Aber in einer, bei uns in der Nähe, die auch noch ein Café hinten dran hat, darf ich jederzeit mit vor der Kuchentheke stehen, ohne dass das irgendwen im Geringsten stören würde.

Ausgerechnet da wiederum, wo ich am allerliebsten mit reingehen würde – in der Metzgerei nämlich – sind Hunde verboten. Naja. Frauchen gehört ja, im Gegensatz zu Herrchen, ohnehin zu den Fleischverweigerern, insofern hätte ich vermutlich ohnehin kaum Gelegenheit dazu.

Jedenfalls kam ich wegen der Metzgereien auf die Idee, dass ich vielleicht einfach nur überall dort nicht reingelassen werde, wo es Fleisch gibt. Stimmt aber so auch nicht. In Restaurants zum Beispiel, wo ja jeden Tag Fleisch zubereitet und serviert wird, bin ich ein gern gesehener Gast, werde in der Regel sogar besonders freundlich begrüßt und bekomme auf Wunsch jederzeit einen Napf mit frischem Wasser. Und auch in der Zoohandlung, wo es ja bergeweise Fleisch in Tiefkühltruhen oder als Trockenvariante gibt, haben sie mit Hunden kein Problem.

An der Frage, ob nun irgendwo Lebensmittel zu haben sind oder nicht, kann es also nicht wirklich liegen – zumal der Zutritt für mich ja auch an Orten verboten ist, wo es kaum was Erwähnenswertes zu futtern gibt: im Kino zum Beispiel. Dabei würde ich mir so gern mal einen schönen Hundefilm im Großformat angucken.

Also, habe ich mir gedacht, muss der Grund doch ein anderer sein: Vielleicht haben die in manchen Einrichtungen ja Sorgen, dass ich was schmutzig machen könnte. Das würde etwa die Möbelhaus-Sache erklären. Als Faustregel funktioniert es aber nicht: Dann nämlich dürfte ich auch nicht mit Frauchen ins Schuhgeschäft oder Klamotten kaufen, was wiederum noch nie zur Debatte stand.

So einen richtigen Reim kann ich mir also auf die ganze Angelegenheit nicht machen.

Wirklich erstaunt allerdings war ich erst, als Frauchen mir neulich erklärte, dass auch bei der Stadtverwaltung Hunde nicht zugelassen seien. Das hab ich nun gar nicht mehr kapiert – schließlich gibt es da weder was zu essen noch irgendwelche Sachen, die man dreckig machen könnte. So ein paar Stühle und Schreibtische dürften einen Mopsbesuch jawohl heil überstehen, sollte man meinen.

Nachdem ich eine Weile darüber nachgedacht hatte, fand ich das allerdings gar nicht so schlecht: Denn wenn ich noch nicht mal in ein Amtszimmer darf, macht es doch nur Sinn, dass ich auch keine Steuern mehr zahle, oder? Fand ich eine prima Sache – schließlich ist das eine Menge Kohle, die wir auch hervorragend in andere Dinge investieren könnten. In Hundespielzeug, beispielsweise.

Ich war schon im Begriff, im Geiste eine Liste sinniger Investitionen aufzustellen, als Frauchen mich aufklärte: Die Hundesteuer müsse vom Halter gezahlt werden, und der sei wiederum sie – und sie dürfe ja ins Rathaus. Ist also nix mit Sparen.

Das wollte ich so nicht auf mir sitzen lassen. Als offizieller Bürger der Stadt mit Steuermarke und allem Drum und Dran muss man doch wenigstens ins Rathaus dürfen! Ich war schon kurz davor, meine Kumpel für eine Demo vor der Stadtverwaltung zu mobilisieren, als Frauchen abwinkte: So ein Rathaus, meinte sie, sei für einen Hund sowieso eine öde Angelegenheit – nichts zu schnuppern, und Bälle über den Flur jagen dürfe man dort auch nicht.

Vielleicht ist das ja überhaupt die Antwort auf die Frage, warum Hunde hier und da nicht mit hindürfen: Weil es schlicht zu langweilig ist. Ein Möbelhaus zum Beispiel ist wahrscheinlich sowieso nicht der Inbegriff von Hundespaß. Und im Kino laufen eh meistens Filme, die mich als Mops nicht sonderlich interessieren. Außerdem kann ich mir einen romantischen Hundefilm zusammen mit meiner Freundin Miley ja auch zu Hause angucken – vielleicht macht Frauchen uns sogar Popcorn?

Nur die Sache mit den Metzgereien passt da nicht ins Bild. Aber auch dieses Rätsel werde ich noch lösen. Ich halte Sie auf dem Laufenden.

Mehr nächste Woche.

Mit mopsigen Grüßen,

Ihr Eddie

21. Sofa oder nicht? – Eine Frage der (Hundehalter-)Erziehung

Tag auch.

Sie erinnern sich: Letzte Woche war ich im Möbelhaus. – Rein thematisch gesehen natürlich nur, in meiner Kolumne. In natura wollten sie mich da ja nicht haben, weil ich ein Hund bin.

Entsprechend skeptisch war ich natürlich, wie das Ergebnis des Einkaufstrips von Frauchen und Herrchen ausfallen würde. Schließlich sind wir eine vierköpfige Familie – Frauchen, Herrchen, die Katze und ich. Also sollte man meinen, dass die neuen Sofas auch mit der gesamten Familie ausgesucht werden. Mal unter uns: Die beiden sind doch ohne meinen Rat völlig aufgeschmissen.

Aber wie gesagt: Im Möbelhaus war ich unerwünscht, also harrte ich mit Spannung der neuen Einrichtung, die da kommen würde.

Heute war es dann so weit. Zu einer Zeit, in der ich persönlich noch nicht mal die Katze um den Kamin jagen würde, bimmelten gleich drei mächtig muskelbepackte Kerle an unserer Tür und schleppten unter einer Menge Schnaufen und Stöhnen mehrere riesige Pakete und ein paar Kleine ins Wohnzimmer.

Schon da hätte ich wissen sollen, dass das nichts Richtiges werden kann. Ich meine: Die Typen hatten noch nicht mal Leckerchen für mich dabei, stellen Sie sich das mal vor. Überhaupt keine Art so was. Wenn das jeder machen würde.

Außerdem fand ich schon reichlich seltsam, dass man zwei Sofas in je einem riesigen Karton verpackt.

Aber gut, müssen die ja selbst wissen, die Möbelleute.

Ich trottete also in gesundem Abstand hinter der ganzen Truppe her ins Wohnzimmer, um zu schauen, was mir da ins Haus kommt. Herrchen und Frauchen begannen denn auch gleich damit, den ganzen Krempel auszupacken. Und als sie damit einmal losgelegt hatten, erschloss sich mir auch, wieso man dafür einen Karton braucht. Da waren nämlich keine Sofas drin, sondern bloß Sofa-Einzelteile.

Mir persönlich will sich ja nicht so recht erschließen, wieso man sich ein Sofa zum Zusammenbauen kauft, statt gleich im Ganzen. Aber Frauchen hat mir dann erklärt, dass sie wegen der Katze und mir welche wollten, bei denen man zur Not auch mal die Bezüge wechseln kann – und die gab es wohl nur so. Warum auch immer.

Das Wohnzimmer sah jedenfalls binnen kurzer Zeit aus, wie man sich das unmittelbar nach einer Explosion vorstellt – überall Kartons, Kleinteile, Lehnen und Polster. Ein einziges Chaos. Da ich persönlich ja eher zur gemütlichen Fraktion gehöre, beschloss ich also, mir das Geschehen aus sicherer Distanz anzuschauen, und machte es mir auf meinem bisherigen Sofa gemütlich.

Anders die Katze. Die begriff die Sache eher als riesiges Abenteuer, tobte in Kartons rum, kickte Verpackungen durch die Gegend und spielte mit Paketschnüren, als seien das die großartigsten und raffiniertesten Erfindungen der Welt. – Katzen halt. Man weiß ja, dass die insgesamt ein bisschen seltsam ticken.

Als die beiden soweit fertig waren und sich in der Küche einen Kaffee genehmigten, entschied ich mich, das Ganze mal aus der Nähe zu testen. Ein kleiner Hüpfer, und ich lag auf einem der neuen Sofas. Und ehrlich: Ich war nicht so begeistert.

Die Dinger sehen zwar ganz gut aus, das muss man zugeben. Andererseits habe ich seit meinem Einzug hier eine Menge Zeit damit zugebracht, mir meine Kuhle auf den beiden alten Sofas zurechtzuliegen und meine Decke dort optimal zu platzieren.

Sie denken jetzt vielleicht, so was könne ja nicht besonders aufwendig sein. Aber da irren Sie: Es können Jahre vergehen, bis man sich so ein Eckchen auf dem Sofa optimal eingerichtet hat.

Dazu kam noch dieser seltsame Geruch. Duftete alles kein Stück nach meinem Sofa, sondern bloß nach Verpackung und neu. Gar nicht schön. Auch da, stellte ich fest, würde mir noch eine Menge Arbeit bevorstehen.

Frauchen, die ja immer wieder mal auf völlig seltsame Ideen kommt, sah die Dinge allerdings ganz anders. Bei ihrer Rückkehr ins Wohnzimmer war sie jedenfalls nicht sonderlich darüber erfreut, dass ich die neuen Polster gleich mit Beschlag belegt hatte. Eigentlich, erläuterte sie mir, wäre es ihr ja lieber, wenn ich es künftig mal wieder mit meinem Körbchen statt den Sofas versuche.

Gut, ich muss einräumen, dass ich zurzeit überdurchschnittlich viele Haare abwerfe – kein Wunder bei diesem ständigen Temperaturwechsel – und mein Aufenthalt auf den Polstern unübersehbare

Spuren hinterlassen hatte. Andererseits wird sich natürlich jedem sofort erschließen, dass es völliger Humbug wäre, wenn ich deshalb nicht mehr aufs Sofa dürfte. Keine Ahnung, was Frauchen da manchmal so durch den Kopf geht.

Da ich aber immer für eine schlaue Idee gut bin und weiß, wie dickköpfig sie sich manchmal anstellen kann, machte ich ihr einen Vorschlag zur Güte: Sie darf die beiden neuen Sofas haben, die Katze und ich nehmen die beiden alten. – Fand sie allerdings auch nicht so prickelnd. Schließlich, meinte sie, würden wir in einem Haus mit normalen Zimmermaßen leben, wo vier Sofas möglicherweise doch leicht übertrieben wären.

Letztlich haben wir uns dann in der Mitte geeinigt: Die beiden neuen Sofas bleiben, eins der beiden alten wird aber in die Kaminecke gerückt und da darf ich dann drauf, wann ich will.

Sie wissen es und ich weiß es auch: Dabei wird es natürlich nicht bleiben, auch wenn ich mich mit der Lösung offiziell erst mal zufrieden gegeben habe. Aber weil ich ein netter Mops bin, lasse ich Frauchen vorläufig in dem Glauben, dass Madame Kratzbürste und ich nicht auf die neuen Sofas kommen werden.

Meiner groben Schätzung zufolge wird es ungefähr einen, höchstens zwei Tage dauern, bis sie feststellt, dass ein Abend auf dem Sofa ohne Mops keinen Pfifferling wert ist. Während ich gemütlich auf meinem Plätzchen in der Kaminecke liege, wird sie ins Grübeln kommen. Dann wird sie irgendwann anfangen, mir schmachtende Blicke zuzuwerfen – zuerst nur hin und wieder, dann immer häufiger.

Und am Ende wird sie einmal tief seufzen, dann aufstehen und mir eine Decke holen und mich schließlich bitten, ihr doch endlich wieder Gesellschaft zu leisten.

Eine Zeit lang werde ich sie natürlich zappeln lassen müssen. Zumindest zwei, vielleicht auch drei Minuten – ein bisschen Strafe muss sein. Sie darf schließlich auch nicht denken, dass ich so leicht zu haben wäre. Aber letztlich wird dann wieder alles sein wie immer: Sie und ich, schön aneinander gekuschelt, glücklich auf dem Sofa vereint.

So gesehen, könnte ich ihr das natürlich auch einfach jetzt schon sagen. Aber man muss seinen Dosenöffnern ja dann und wann auch mal ein paar kleine Macken durchgehen lassen. Und irgendwie ist es doch so auch viel lustiger, oder? – Na, eben.

Ich halte Sie auf dem Laufenden.

Mehr nächste Woche.

Mit mopsigen Grüßen,

Ihr Eddie

22. Mops auf Tour!

Tag auch.

Frauchen, Herrchen und ich haben am Wochenende einen Ausflug an den Rhein unternommen. Allerdings nicht nur, um die schöne Landschaft zu bewundern, sondern noch aus einem anderen Grund – um uns ein Auto anzuschauen nämlich.

Auto ist mir soweit ein Begriff, und ich fahre auch ganz gerne mit. Frauchen hat eins dieser Modelle, wo man im Sommer das Dach aufmachen kann, und ich finde es echt cool, mir dann an heißen Tagen den Fahrtwind um die Ohren brausen zu lassen. Insofern hatte ich eine ungefähre Vorstellung, wie das alles wohl aussehen würde.

Am Ziel angekommen, staunte ich dann allerdings nicht schlecht: Denn was Frauchen und Herrchen mir da präsentierten, hatte mit einem Auto im üblichen Sinn nur noch wenig Ähnlichkeit. Am treffendsten beschreibt man es wohl, wenn man sagt, dass da offenbar jemand ein kleines Haus an ein halbes Auto geschraubt hatte.

Spontan wollte mir nicht einleuchten, was das für einen Sinn haben soll. Häuser gibt es schließlich überall wie Sand am Meer, und wir wohnen ja auch schon in einem. Dass man also ein Haus permanent mit sich durch die Gegend fahren sollte, kam mir völlig unlogisch vor.

Frauchen erklärte mir dann, dass das ein Wohnmobil sei und man damit Urlaub machen könne. Man fahre durch die Gegend, habe die eigene

Ferienwohnung sozusagen immer mit dabei und könne sich – was toll sei – andauernd an der frischen Luft aufhalten. Aha.

Das erinnerte mich daran, dass Frauchen und Herrchen mir von so was irgendwann schon mal erzählt hatten. Offenbar hatten sie – lange vor meiner Zeit – einige Jahre so einen Campingbus und tourten damit ständig durch die Weltgeschichte. Scheint eine Art Familienkrankheit zu sein: Denn bereits Oma und Opa schipperten Frauchen mit so einem Ding durch ganz Europa, als sie noch ein Teenager war – und seither kann sie sich wohl nicht mehr recht dafür begeistern, drei Wochen Ferien am immer gleichen Ort zu verbringen.

Gut, dachte ich mir, schließlich muss man ja vorurteilsfrei durch die Welt gehen und sich alles mal anschauen. Also beschloss ich, das Ganze zunächst in aller Ruhe zu begutachten.

Von außen sah es eigentlich ganz okay aus, weshalb ich mich entschied, lieber den Innenraum genauer unter die Lupe zu nehmen – schließlich will man ja wissen, wo man künftig in seinen Urlauben wohnt.

Ich sag‘s Ihnen ganz offen: Ich war geschockt. Von außen sehen solche Dinger ja ziemlich riesig aus, wenn man sie mal mit einem normalen Auto vergleicht. Aber innen drin? – Kaum mehr Platz als in Frauchens Büro.

Nun kennen Sie ja Frauchens Büro nicht. Es ist schon sehr hübsch, ein Mansardenzimmer gleich oben, unterm Dach, und wirklich gemütlich. Darin nun ein Schlafzimmer, ein Bad, ein Wohn-/

Esszimmer und eine Küche unterbringen zu wollen, würde allerdings schon einiges an Phantasie erfordern.

Entsprechend winzig waren denn die einzelnen Abteilungen dieses Wohn-Dingsbums. Im Bad konnte ich mich mit Mühe einmal um die eigene Achse drehen. Dafür grenzte die Küche gleich ans Bett, das wiederum in direkter Nachbarschaft zur Sitzgruppe lag. Wie man in dieser Umgebung noch mein Körbchen oder – viel wichtiger – mein Sofa integrieren sollte, war mir schleierhaft. Auch die Option, meine Skateboard-Übungen bei schlechtem Wetter drinnen abzuhalten, schien mir unter diesen Voraussetzungen nicht wirklich gegeben. Meine Tennisbälle, da war ich sicher, würden sich dort ebenfalls nicht besonders weit werfen lassen.

Auch sonst war ich skeptisch, was ich von dieser ganzen Camping-Geschichte halten sollte. Beispielsweise verbringe ich im Sommer bekanntlich gern die eine oder andere Stunde auf der Terrasse in der Sonne, hatte allerdings nicht den Eindruck, dass bei diesem Wohn-Ding die Ausstattung mit einer Außen-Veranda vorgesehen ist. Wo also soll man da bitte im Sommer liegen? – Mitten im Gras? Und wie, bitteschön, vertreibt man sich die Zeit bei schlechtem Wetter, wenn man noch nicht mal einen Fernseher hat, wo man sich bei Bedarf einen schönen Hundefilm angucken kann?

Fragen über Fragen. Ich war denn auch ganz erleichtert, als Frauchen und Herrchen sich einige Tage später entschlossen, von dem Kauf Abstand zu nehmen.

Inzwischen allerdings, nach einigem Nachdenken, kann ich mir durchaus vorstellen, dass die ganze Sache auch Vorteile haben könnte: Zum Beispiel kann Frauchen auf so engem Raum wesentlich schlechter meinen hypnotischen Blicken ausweichen, wenn ich sie dazu überreden will, mir etwas von ihrem Abendessen abzugeben. Und bestimmt lernt man eine Menge toller neuer Hundekumpel kennen, wenn man alle paar Tage in eine andere Stadt kommt. Und da so ein Wohnmobil sicher ganz schön schwer ist, braucht es einen festen Stand, was bedeutet, dass man es vermutlich nicht in allzu großer Nähe zum Strand abstellen wird – was wiederum heißt, dass in solchen Campingurlauben voraussichtlich der von mir bevorzugte Sicherheitsabstand zum Meer gewährleistet sein wird.

Auch ansonsten dürfte in solchen Urlauben keine allzu große Gefahr bestehen, dass ich ungewollt mit Wasser in Berührung komme: Nie und nimmer wird es irgendjemand fertigbringen, in so ein Ding eine Badewanne einzubauen. Und einen Gartenteich, wie bei uns, in den man als Mops einfach so reinfallen kann, gibt es auf einem Campingplatz hoffentlich auch nicht.

Unsicher bin ich mir dagegen noch bezüglich der Frage, ob in einem Wohnmobil wohl Platz für eine Katze sein könnte. Allerdings weiß ich, dass Frau Kratzbürste Autofahren sowieso hasst wie die Pest, weshalb sie es wahrscheinlich vorziehen wird, auf die Teilnahme an solchen Touren zu verzichten.

Ja, je länger ich darüber nachdenke, desto besser gefällt mir die ganze Idee. Hat ja schon auch was, als Mops so durch die Weltgeschichte zu touren. Ich werde sozusagen Kapitän der Landstraßen werden und die Autobahnen rocken. Vielleicht schaffe ich mir sogar eine coole Pilotenmütze an – damit würde ich vorne im Führerhaus sicher eine super Figur machen.

Insofern finde ich eigentlich gar nicht schlecht, dass Frauchen und Herrchen nun in den nächsten Wochen weiter nach einem fahrenden Ferienhaus Ausschau halten wollen. Und wie immer das auch aussehen wird, eins ist jetzt schon klar – hinten drauf will ich einen riesigen Schriftzug: „Mopsmobil“.

Mehr nächste Woche.

Mit mopsigen Grüßen,

Ihr Eddie

23. Sprechstunde bei Doktor Mops

Tag auch.

Manchmal ist es ganz schön doof, ein Hund zu sein – und dazu noch so ein kleiner.

Frauchen pflegt mich ja immer ganz besonders lieb, wenn ich Bauchweh habe oder sonst irgendwie krank bin. Sie fährt mich zum Tierarzt und hält mir bei jeder Untersuchung natürlich zum Trost die Pfoten, sie kocht mir Tees, Schonkost, macht mir Wärmflaschen und versorgt mich mit jeder Menge Kuscheleinheiten, damit ich ganz schnell wieder gesund werde.

Diesmal ist es ausnahmsweise umgekehrt – Frauchen hat sich irgendwelche von diesen doofen Viren eingefangen, die gerade überall in der Luft rumfliegen, und liegt seit zwei Tagen total flach. Natürlich würde ich mich da jetzt sehr gern revanchieren: Teechen kochen, in die Apotheke flitzen oder ihr was Leckeres zu essen machen, falls sie denn mal Appetit hat. – Was man eben normalerweise so macht, wenn es jemandem nicht gut geht. Aber als Hund ist man ja in einigen Dingen echt gehandicapt.

An den Herd zum Beispiel komme ich mit 32 Zentimetern Schulterhöhe nicht annähernd dran, und selbst wenn, könnte ich – so ganz ohne funktionsfähige Daumen – nicht mit irgendwelchen Töpfen hantieren. Mal eben in die Apotheke sausen ist auch nicht drin. Erstens würden die Leute da gar nicht kapieren, was ich von ihnen wollte, weil sie mich – im Gegensatz zu Frauchen – überhaupt nicht verstehen. Und außerdem wüsste ich gar nicht, wie ich den Krempel anschließend nach Hause transportieren sollte.

Auch beim Menschenarzt darf man als Hund meistens eher nicht mit in die Praxis. Die Option, Frauchen im Wartezimmer die Pfoten zu halten, fällt also auch flach. Dabei bin ich überzeugt, dass es vielen Leuten gleich sehr viel besser ginge, wenn sie ihre Vierbeiner dorthin mitbringen dürften. Immerhin ist inzwischen wissenschaftlich erwiesen, dass Haustiere gut fürs Seelenleben und damit für die Gesundheit sind. Eigentlich müsste es mich also sozusagen auf Rezept geben. – Aber nein. Stattdessen sind mir, wie Sie sehen, die Pfoten gebunden. Es ist frustrierend.

Natürlich übernimmt Herrchen für mich die Aufgaben, bei denen ich selbst leider verhindert bin, so dass Frauchen trotzdem bestens versorgt ist. Und dennoch: Doof finde ich es schon, dass ich manche Dinge nicht einfach selbst für sie erledigen kann.

Immerhin einen Vorteil hat es aber, dass ich eher handlich bin: Als Mops kann man am Krankenlager ganz super jede Wärmflasche ersetzen. Und dabei bin ich auch noch total flexibel: Ganz egal, ob Frauchen Bauchweh oder kalte Füße hat, ich passe einfach in jede Sofakuhle. Versuchen Sie das mal mit einem Kangal oder einer Deutschen Dogge: keine Chance! Und die Kuscheleinheiten, die man ja ganz dringend braucht, wenn man krank ist, kann man bei so einem Einsatz als mopsige Wärmflasche auch gleich großzügig verteilen.

Auch ansonsten tue ich natürlich, was ich kann, um es Frauchen so nett wie möglich zu machen. Zum Beispiel habe ich ihr gestern sämtliche meiner Kuscheltiere ans Bett geschleppt, die ich im Haus finden konnte – mir nämlich hilft deren Anwesenheit immer ungemein, wenn ich mich nicht gut fühle. Ich bin zwar nicht ganz sicher, ob meine Stoff-Kumpel auf Frauchen denselben heilsamen Effekt haben wie auf mich – aber man will ja nichts unversucht lassen.

So verbringen wir unsere Zeit im Moment also meistens gemütlich mit einer dicken Decke und vielen Stofftieren zusammen auf dem Sofa. Und wenn Frauchen mal nicht schläft und Fernsehen gucken möchte, überlasse ich ihr bei den Filmen natürlich die freie Auswahl.

Nur mein Angebot, ihr etwas von meiner Schonkost abzugeben, hat sie aus mir unerfindlichen Gründen abgelehnt. Weil ich selbst im Moment ein bisschen mit einem zickigen Magen kämpfe, mischt sie mir nämlich zerstampfte Möhren und Kartoffeln unters Essen. Meinem Bauch tut das sehr gut und ich finde, dass es auch wirklich lecker schmeckt. Und natürlich wäre ich jederzeit bereit, Frauchen etwas von meinem Fresschen abzugeben – ehrlich, für sie tue ich einfach alles. Allerdings setzt sie im Moment mehr auf Salzstangen und Zwieback, obwohl sie sich über mein Angebot natürlich sehr gefreut hat.

Bei so viel liebevoller Pflege hoffe ich sehr, dass sie schon in ein paar Tagen wieder rundum fit sein wird.

Trotzdem: Fürs nächste Leben – das ich natürlich auf jeden Fall wieder mit Frauchen und Herrchen verbringen will – wünsche ich mir vielleicht doch ein

Paar funktionsfähiger Daumen. Und eventuell auch ein paar Zentimeter längere Beine. Mal sehen, vielleicht lässt sich das ja einrichten.

Mehr nächste Woche.

Mit mopsigen Grüßen,

Ihr Eddie

24. Von kalten Pfoten und Iglu-Architekten

Tag auch.

Hier bei uns in Deutschland ist es ja schwer beliebt, sich über das Wetter aufzuregen: Wenn es schneit, ist es doof, wenn es regnet, auch. Und wenn es zu warm ist, dann sowieso. Es sei denn, man gehört zur Gegenseite und beschwert sich über die, die sich ständig übers Wetter beschweren.

Ich selbst habe ja eher ein sonniges Gemüt, mosere aber dennoch öfter mal übers Wetter, zumindest im Winter. Das allerdings hat – und das möchte ich ausdrücklich betonen – völlig andere Gründe: Nörgeln ist sonst nämlich überhaupt nicht meine Art. Ich bin eher, sagen wir mal, „frostsensibel".

Nein, nein, keine Sorge: Wie Sie wissen, bin ich ein kerniger Mops-Typ und kein Zuckerpüppchen. Wenn es warm ist, finde ich das absolut klasse, wenn es heiß ist, ebenfalls. Auch Sturm und Wind machen mir nichts aus, und ein bisschen Kälte stecke ich selbstverständlich locker weg.

Selbst Schnee oder Regen fände ich eigentlich gar nicht weiter schlimm, wenn der Abstand zwischen dem Boden und meinen wichtigsten Körperteilen größer wäre. Mal ehrlich: Als Kurz-Beiner ist man den Irrungen und Wirrungen des Wetters ja doch sehr viel stärker ausgesetzt als andere. Wo Ihnen der Schnee gerade mal bis zu den Knöcheln reicht und Sie sich schlimmstenfalls ein paar nasse Zehen holen, stehe ich mit meinen 32 Zentimetern Schulterhöhe schon beinahe knietief drin in der weißen Bescherung – ganz zu schweigen von anderen Bereichen meines schnittigen Mopskörpers, die ich hier nicht näher erwähnen möchte. Und wenn es mal etwas stärker schneit – die Art, wo Sie vielleicht finden, man könne so richtig schön durch den wadenhohen Schnee stapfen –, brauche ich schon einen Schnorchel und komme mir vor wie bei einem Kurzurlaub in der Antarktis.

Ernsthaft: Fänden Sie Ihren Winterspaziergang immer noch so wildromantisch, wenn dabei ungefähr 1,70 Meter Schnee lägen und Ihnen das weiße Zeug in Ohren und Nasenlöcher kriechen würde? – Na, sehen Sie. Ich kann darauf auch verzichten.

Mit massivem Regen verhält es sich ähnlich: Was Ihnen vielleicht als winzige Pfütze anmutet, ist für mich schon ein mittelgroßer Tümpel, zu vergleichen etwa mit dem Nichtschwimmer-Bereich im Freibad. Und Sie wissen ja: Schwimmen ist nicht so mein Ding. Und wo Sie vielleicht genervt sind, weil Ihre frisch gereinigte Hose von einem vorbeifahrenden Auto auf der Straße mit Wasserspritzern übersät wird, tropft es mir schon vom ganzen Körper.

Große Hunde sind, was das Thema angeht, ja eindeutig im Vorteil: Eine Bekannte von Frauchen zum Beispiel hat eine bezaubernde Schäferhündin und zeigte uns neulich mehrere tolle Fotos davon, wie selbige mit ihrem großen Kumpel ausgelassen im Schnee rumtobte. Bei dem Ausflug war ich zwar nicht dabei – hätte aber jederzeit behaupten können, es sei so gewesen: Man hätte mich nämlich eh nicht gesehen.

Wie Sie inzwischen sicher nachvollziehen können, sind meine Einwände gegen dieses übertriebene Schnee-Gewehe der letzten Wochen also durchaus berechtigt – und werden, wie ich weiß, von nicht wenigen Vertretern meiner Rasse geteilt.

Zu meinem größten Erstaunen gibt es allerdings auch kleine Hunde, die das alles völlig anders sehen: Tatsächlich habe ich ein paar Mops-Kumpel, die sich bei Schnee vor lauter Begeisterung überhaupt nicht mehr einkriegen und fröhlich durch die weiße Pracht springen, als ob es auf der Welt nichts Schöneres gäbe. Neulich habe ich sogar ein Bild von einem Kollegen gesehen, der offenbar im Begriff war, sich im Tiefschnee einen Iglu zu buddeln. Ob er dort eingezogen ist oder das Ding nur als Ferienhütte nutzt, ist zwar nicht überliefert – auf mich aber machte er den Eindruck, als würde er am liebsten kurzfristig mit dem Tapezieren loslegen.

Solche Typen haben meinen allergrößten Respekt. Ich weiß nicht, ob einige von denen im vorigen Leben Bergführer auf dem K2 oder aber Eisbären waren, oder ob die einfach über ein geheimnisvolles Kälte-Resistenz-Gen verfügen, das mir fehlt. Aber schwer beeindruckend ist dieser Kampfgeist auf jeden Fall.

Im nächsten Leben hätte ich jedenfalls gerne auch so was – ein Gen, das mich gegen Minusgrade immun macht, oder so einen praktischen Superhelden-Schutzschild, an dem die Kälte einfach abprallt. Alternativ würde ich mich auch mit deutlich längeren Beinen zufriedengeben. Die wären auch in anderen Situationen äußerst hilfreich – zum Beispiel, wenn Frauchen mal wieder rücksichtslos die leckersten Sachen auf dem Küchentisch abstellt, obwohl ich keinerlei Chance habe, da heranzukommen.

Bis es soweit ist, bleibe ich einfach der sonnige Typ, der ich bin. Der sich im Sommer gerne stundenlang auf der Terrasse aalt und im Winter sein Plätzchen vor dem Kamin jedem Tiefschnee vorzieht. Der bei 30 Grad gerne den ganzen Tag auf dem Liegestuhl chillt und den selbst die härteste Hitzewelle nicht dazu motivieren könnte, in einen Gartenteich zu hüpfen, in dem sich Frösche, Libellenlarven und sonstiges seltsames Getier tummeln. Und der sich über eines garantiert nie beschweren wird: Wenn es endlich, endlich Frühling wird.

Mehr nächste Woche.

Mit mopsigen Grüßen,

Ihr Eddie

Tag auch.

Seit zwei Tagen haben wir hier einen neuen Mitbewohner. Nein, keinen Verwandten oder Freund von Frauchen und Herrchen, auch keinen Hund oder (Mops-Gott bewahre) eine weitere Katze. Es ist eine Maus. – Nicht so eine, die man sich bewusst und willentlich als Haustier hält, sondern eine, die ohne unser Zutun zum Untermieter geworden ist.

Tatsächlich haben wir sie sogar beim Einzug beobachten können: Frauchen kam gerade, voll bepackt mit jede Menge Tüten, vom Einkauf zurück und hatte Haus- und Kellertür offen stehen lassen, um die Vorräte nach und nach zu verstauen. Genau diesen Moment nutzte Madame Maus (irgendwie glaube ich, dass es eine Frau ist), um vom Gebüsch gegenüber in einem sagenhaften Tempo in den Eingang zu flitzen und durch Flur und Küche geradewegs in den Keller zu entfleuchen.

Ich persönlich kann das total verstehen. Immerhin ist es draußen gerade mal wieder bitterkalt und ich hätte auch ziemlich wenig Lust, bei den Temperaturen dauerhaft im Garten zu kampieren. Der Gewölbekeller unseres über 300 Jahre alten Häuschens wäre im Winter zwar auch nicht zwangsläufig mein bevorzugter Aufenthaltsort. Aber immerhin besser, als draußen im Schnee zu schlafen.

Darüber hinaus muss man ja zugeben, dass Frau Maus – von dem kurzen Augenblick zu schließen, in dem ich sie gesehen habe – wirklich ausgesprochen niedlich ist. Ganz winzig, mit einem flauschigen Fell und runden, braunen Kulleraugen. Ehrlich: Ich fand sie gleich sympathisch.

Insofern hätte ich auch überhaupt nichts dagegen, wenn sie ein Weilchen bleiben würde. Frauchen allerdings sieht das anders. Sie hat zwar vor Mäusen keine Angst und findet auch, dass unser Exemplar wirklich nett anzusehen ist. Allerdings, meinte sie, hätte sie doch Bedenken, dass Frau Maus sich möglicherweise in unserem Keller ein wenig *zu* wohl fühlen könnte – vielleicht sogar so sehr, dass sie irgendwann ihre Verwandten zu sich einlädt. Und eine ganze Mausfamilie im Keller sei dann doch suboptimal, sagt Frauchen, zumal Mäuse sich ja auch ganz gerne mal an Stromkabeln zu schaffen machten.

Nun ist Frauchen ja eine echte Tierfreundin. Logisch also, dass hier ausschließlich friedliche Maßnahmen ergriffen werden, um Frau Maus wieder nach draußen zu befördern. Herrchen hat im Baumarkt ein paar von diesen Lebendfallen besorgt, die die beiden dann mit unterschiedlichen Leckereien befüllt und im Keller aufgestellt haben. Seither warten wir täglich darauf, ob sich etwas tut.

Frau Maus allerdings ist offenbar wenig kooperationsbereit. Trotz des Winters scheint sie sich da draußen in den letzten Wochen ein ziemliches Speckbäuchlein angefressen zu haben und interessiert sich bislang ziemlich wenig für das, was ihr da an Köstlichkeiten geboten wird. Und das, obwohl Frauchen vorsorglich sämtliche Vorräte aus dem Keller entfernt hat. Käse verschmäht sie, und auch Speck oder ein paar Nüsse konnten sie bislang nicht davon überzeugen, mal einen Happen zu sich zu nehmen. Langsam mache ich mir schon ein bisschen Sorgen, ob es ihr auch gut geht.

Gesehen haben wir sie übrigens seit ihrem Einzug nicht mehr. Allerdings haben wir einen hervorragenden Mäuseradar in Gestalt von Madame Katze. Die sitzt, seit Frau Maus eingezogen ist, tagein, tagaus vor der Kellertür und lauscht auf das Geräusch trippelnder Füßchen eine Etage tiefer.

Hinuntergelassen wird sie natürlich nicht. Denn auch wenn sie schon 22 Jahre alt ist und nur noch eineinhalb Zähnchen hat, haben wir keinen Zweifel daran, dass sie Frau Maus ziemlich schnell den Garaus machen würde, wenn sich ihr die Gelegenheit dazu böte. Und das wollen wir natürlich nicht.

Ich persönlich hoffe ja trotz Frauchens Bedenken, dass Frau Maus noch ein klein wenig bleibt. Im Keller kann sie schließlich ohnehin nichts Schlimmes anrichten. Und darüber hinaus hat das Ganze für mich einen sehr angenehmen Nebeneffekt. Seit Madame Katze nämlich ihren Wachtposten vor der Kellertür bezogen hat, ist mein Leben hier so ruhig und friedlich wie nie zuvor.

Während ich sonst jederzeit damit rechnen muss, dass Frau Kratzbürste die Langeweile überkommt – was üblicherweise darin endet, dass sie sich hinterrücks anschleicht und mir in den Hintern beißt –, führe ich seit dem Einzug unserer vierbeinigen Untermieterin ein Leben in totaler Entspannung. Keine griesgrämigen Blicke, wenn ich auf dem Sofa vor dem Kamin das wärmste Plätzchen für mich beanspruche, keine Katze, die es sich immer gerade dann in meinem Körbchen gemütlich macht, wenn ich mich schlafen legen will. Es ist geradezu paradiesisch.

Auf Dauer könnte ich mir allerdings durchaus vorstellen, dass das ein bisschen langweilig für mich wird. Man muss ja ehrlich zugeben: So sehr die Katze auch nerven kann – es birgt durchaus auch einen gewissen Spaßfaktor, wenn wir uns gegenseitig um den Kamin jagen.

Ein paar Tage aber darf sich dieser Zustand von mir aus ruhig noch hinziehen. Vielleicht ist es dann auch nicht mehr so kalt draußen – denn irgendwie fände ich es ja schon gemein, Frau Maus bei Minusgraden einfach wieder raus in den Schnee zu setzen.

Optimal wäre es aus meiner Sicht, wenn wir einfach öfter mal im Jahr für ein paar Tage so einen mausigen Untermieter hätten. Auf die Weise könnten die Katze und ich auch weiterhin den Großteil des Jahres unseren täglichen kleinen „Katz- und Mops-Spielchen“ nachgehen, und zwischendurch hätte ich ein bisschen Ruhe – katzenfreie Wellness-Tage sozusagen.

Mal sehen. Wenn ich wieder mal Bedarf nach einer kleinen Auszeit habe, hänge ich vielleicht einfach ein winziges Schildchen an die Tür: „Ferienapartment an freundliche Maus zu vergeben. Nur tageweise. Speck und Käse inklusive.“ Wäre bloß noch zu klären, wie sich der mausige Mietvertrag aushandeln lässt – immerhin bin ich nicht restlos sicher, ob ich tatsächlich Mausisch verstehe.

Vielleicht schaue ich bei meiner nächsten Runde durch den Garten einfach mal wieder bei unserem

Holzstapel vorbei. Wenn mich nicht alles täuscht, hatte sich da nämlich letzten Sommer eine Feldmaus häuslich eingerichtet. Mal schauen, ob sie noch da ist und wir uns verständigen können. Falls ja, kann ich ihr ja gleich Grüße von ihrer Freundin bei uns im Keller ausrichten – ich bin sicher, da wird sie sich freuen.

Mehr nächste Woche.

Mit mopsigen Grüßen,

Ihr Eddie

26. (K)Eine Frage des Geschmacks

Tag auch.

Es wird Sie vermutlich nicht besonders überraschen, aber: Ich esse echt gerne.

Am liebsten mag ich Fleisch, aber auch Fisch oder ein paar gekochte Kartoffeln und Möhren, ein Stück Käse oder ein bisschen Joghurt lasse ich nicht stehen.

Unerfreulicherweise sind dem Genuss bei mir ein paar Grenzen gesetzt: Aus mir unerfindlichen Gründen hat irgendwer diese dämliche Nummer mit den Allergien erfunden – und ich genieße das sehr zweifelhafte Vergnügen, gleich mehrere davon zu haben. Rind zum Beispiel geht gar nicht (was ich schade finde) und Getreide musste auch vom Speiseplan weichen (was ich weniger bedauere).

Noch viel weniger erquickend finde ich allerdings die Tatsache, dass total viele Sachen, obwohl sie ungeheuer lecker riechen, für uns Hunde auch ohne Allergie tabu (weil ungesund oder schlimmstenfalls giftig) sind: Peperoni-Chips zum Beispiel. Oder Schokoriegel. Oder, oder, oder.

Das eigentlich Gemeine aus meiner Sicht ist aber, dass Frauchen und Herrchen solche Sachen trotzdem im Haus haben – und sie auch noch ohne jedwede Rücksicht auf meine flehenden Blicke ganz allein und genüsslich verspeisen. Wenn Frauchen zum Beispiel Schokolade isst, kann ich gucken, wie ich will, da gibt sie mir auch nicht denn allerkleinsten Fitzel von ab. Ist das vielleicht fair, mir mit Sachen vor der Nase rumzuwedeln, die ich nicht haben darf?

Jedenfalls habe ich mir überlegt, dass die Dinge für mich sehr viel einfacher wären, wenn Menschen auf den Krempel, der für ihre Hunde nicht gut ist, einfach ebenfalls verzichten würden. Ich meine: Ohnehin ist es doch so, dass Hundeessen und Menschenessen einander immer ähnlicher werden – jedenfalls, wenn man liest, was da so für klingende Namen auf den Hundefutter-Dosen stehen.

Mal ehrlich: Wenn Herrchen auf der Speisekarte eines Restaurants was von „Entenfilet auf Reis mit Gemüseragout" läse, würde er vermutlich auch nicht nein sagen. – Obwohl ich ja manchmal das Gefühl habe, dass die einen mit diesen Dosenaufschriften hin und wieder auch ein bisschen veräppeln... Ich meine, ich hab zwar echt ein super Futter. Aber so wie das, was Frauchen und Herrchen sich da abends auf den Tisch zaubern, riecht das irgendwie trotzdem nicht.

Aber zurück zum Thema: Ich finde, wenn ich schon keine Pralinen haben darf und keine Gummibärchen und Chips, dann könnten Frauchen und Herrchen ruhig mit mir solidarisch sein und sich auch in Enthaltsamkeit üben.

Den Höhepunkt der Überflüssigkeit bilden allerdings Dinge, von denen ich noch nicht mal im Ansatz verstehe, warum Frauchen und Herrchen die überhaupt essen *wollen.* Neulich Abend beispielsweise waren wir in einem Restaurant. Ich bin zwar daran gewöhnt, dass da nie was für mich unter den Tisch fällt. Aber Sie wissen ja, wie das ist: Die Hoffnung stirbt zuletzt.

Insofern war ich wirklich erfreut, als ich hörte, dass wir essen gehen. Vielleicht zum Italiener um die Ecke, hoffte ich. Auch da habe ich zwar noch nie was vom Tisch bekommen, aber zu Hause durfte ich schon mal ein Stück vom Pizzarand probieren, und das fand ich ziemlich klasse.

Allerdings wurde ich herbe enttäuscht. Diesmal nämlich steuerten Frauchen und Herrchen ein ganz anderes Restaurant an. Weit und breit nichts zu riechen von Pasta, Pizza und geschmolzenem Käse. Stattdessen lag so ein leichter Geruch von Meer in der Luft – und Sie wissen ja, was ich von Wasser halte.

Als Frauchen und Herrchen dann bestellten, wuchs meine Verwirrung noch weiter: Die leichte Duftbrise, die da von oben herabwehte, erinnerte mich entfernt an Fisch, doch irgendwas war anders. Herrchen hat mir dann erklärt, dass der Fisch roh sei und außerdem in Seetang eingewickelt.

Hallo?! – Seetang? Das Zeug, das beim Urlaub am Meer immer glitschig-grün-braun überall am Strand rumliegt, komisch riecht und einem ständig an den Pfoten klebt? Dasselbe, auf dem sich bei den Meeres-Dokumentationen im Fernsehen fröhliche Robben in der Sonne aalen? Ja, geht's noch? Wie kommt man denn auf die Idee, so was zu essen? Ich geh doch schließlich auch nicht im Wald spazieren, pflücke eine paar Blumen vom Wegesrand, auf denen vielleicht vor fünf Minuten noch ein Reh rumspaziert ist, und mampfe die fröhlich in mich rein. Ehrlich mal: Menschen haben schon komische Essgewohnheiten.

Eine Weile hoffte ich noch, dass die beiden vielleicht zum zweiten Gang Pizza oder ein paar Nudeln bestellen würden, aber auch daraus wurde nichts: Stattdessen gab es Spinat mit einer komischen Erdnuss-Sauce, den ich noch nicht mal hätte probieren wollen, selbst *wenn* ich gedurft hätte.

Jedenfalls habe ich Frauchen klargemacht, dass ich beim nächsten Mal wieder zum Italiener will. Mag sein, dass ich da auch nichts abkriege, aber immerhin habe ich den angenehmen Duft in der Nase und kann unterm Tisch davon träumen, dass mir irgendwann doch mal jemand eine eigene Pizza bestellt.

Mit meiner Restaurant-Wahl war Frauchen denn auch einverstanden. Wenig Einsicht zeigte sie dagegen im Hinblick auf das Schokoladenthema: Mein Vorschlag, dass sie künftig zu Hause einfach auf Knabberzeug zurückgreifen sollte, von dem sie mir auch mal was abgeben könnte – einen schönen Kauknochen zum Beispiel oder ein Schweineohr – wurde rigoros abgeschmettert. Sehr unhöflich.

Aber bitte, ich bin es ja gewohnt, dass meine Einfälle hier nicht immer hinreichend gewürdigt werden. Soll Frauchen doch sehen, was sie davon hat: Wenn hier meine nächste Fuhre Dosenfutter ankommt – mit zarter Pute auf Kartoffeln und Gemüse – kriegt sie jedenfalls auch nichts davon ab. Ein bisschen Strafe muss schließlich sein.

Mehr nächste Woche.

Mit mopsigen Grüßen,

Ihr Eddie

Tag auch.

Morgen ist es wieder so weit: Mindestens einmal pro Woche setzt Frauchen hier zum „Großkampftag" an. Dann wird gesaugt, geputzt, staubgewischt, was das Zeug hält, da werden Möbel gerückt, Stühle hochgestellt und all so ein Kram.

Ja, ich weiß schon: Diese ganze Putzerei soll schwer wichtig sein für dieses Hygiene-Dings – was auch immer das nun genau sein mag. Und es ist jetzt auch nicht so, dass Frauchen übertrieben besessen von der ganzen Sache wäre und das nun ständig von morgens bis abends machen würde. Und trotzdem: So als Hund finde ich diese Saubermacherei eine der überflüssigsten Erfindungen überhaupt.

Die ganze Angelegenheit ist ja schon deshalb total nervig, weil Frauchen in dieser Phase überhaupt keine Zeit für mich hat. Wenn sie mit dem Staubwedel durch die Gegend marschiert, hat sie absolut keinen Sinn für Bällchen-Werfen oder tolle Zerrspiele – mir persönlich rätselhaft, denn die würden schließlich sehr viel mehr Spaß machen.

Ganz abgesehen davon, verbreitet sie mit ihren komischen Putzmitteln ja auch noch die fiesesten Gerüche im Haus. Auf den Flaschen, die sie da benutzt, steht zwar immer irgendein Kram von wegen Frühlingsduft und natürlichen Inhaltsstoffen. Mich allerdings kitzelt dieses ganze Zeug bestenfalls unangenehm in der Nase und riecht schlimmstenfalls einfach zum Weglaufen. Mal ernsthaft: Blumenwiese duftet irgendwie völlig anders, wenn Sie mich fragen, weshalb ich auch davon überzeugt bin, dass diese ganzen Putzmittel-Hersteller unter chronischem Schnupfen oder sonstigen Problemen leiden müssen, die ihr Riechorgan entscheidend beeinträchtigen.

Viel schlimmer noch als dieser ätzende Geruch ist allerdings der Lärm, den Frauchen bei der ganzen Geschichte veranstaltet. So ein handelsüblicher Staubsauger ist ja schon für Menschen nicht gerade leise. Für mich als Hund klingt das Ding aber eher, als würde ein mittelschwerer Tornado durchs Wohnzimmer fegen. Hinterher bin ich immer ganz erstaunt, dass tatsächlich noch alles im Haus halbwegs an seinem Platz steht, wo man doch eigentlich meinen sollte, dass bei so einem Höllenkrawall ganze Regale und Klaviere durch die Luft segeln.

Abgesehen davon, habe ich irgendwie das Gefühl, dass Frauchen mit dieser Höllenmaschine immer gerade dahin will, wo ich es mir zwei Minuten vorher auf den warmen Fliesen gemütlich gemacht habe. Kaum habe ich das eine Plätzchen geräumt und mich ein paar Meter weiter niedergelassen, rückt sie mir damit schon wieder auf die Pelle – manchmal fühle ich mich von dem Teil regelrecht verfolgt.

Überhaupt weiß man als Mops in solchen Phasen ja nicht, wo man sich eigentlich noch ungestört aufhalten kann. Wenn man nicht gerade angestupst wird, damit man dem Staubsauger aus dem Weg geht, muss man Slalom um schwappende Putzeimer oder triefende Wischmopps laufen oder aufpassen, dass man nicht irgendwo in ein klapperndes Kehrblech trampelt. Außerdem macht Frauchen bei jeder dieser Aktionen ja auch noch den gesamten Boden nass – und Sie wissen ja, was ich so davon halte, wenn meine Pfoten mit Wasser in Berührung kommen.

Bedeutend bedauerlicher finde ich aber, dass jedes Mal nach so einem Einsatz all die schönen Spuren weg sind, die ich die Woche über im Haus hinterlassen habe. Frauchen denkt ja, ich würde meine Haare einfach nur so verlieren, irgendwo, ganz willkürlich. In Wahrheit ist das natürlich völliger Blödsinn: Tatsächlich nämlich verteile ich meine Haare ganz gezielt und mit höchster Präzision an so vielen Stellen wie möglich, was gleich mehreren Zwecken dient: Zum einen ist Madame Katze ja ein ziemlich penibles Wesen und kann es überhaupt nicht leiden, in meinen Haaren zu liegen. Je mehr davon ich also irgendwo verteile, desto wahrscheinlicher ist es, dass der Platz in den folgenden Tagen für mich reserviert ist – Sie kennen das vielleicht aus dem Hotel von der Sache mit den Handtüchern und den Liegestühlen am Pool.

Zusätzlich muss man natürlich auch immer vorsorgen, falls mal unangekündigt ein wildfremder Hund vorbeikommen sollte. Auch der weiß natürlich, wenn er irgendwo meine Spuren entdeckt, dass das Haus mir gehört und dass ich hier das Sagen habe, und kommt deshalb im Optimalfall gar nicht erst auf die blöde Idee, irgendwelche Faxen zu machen.

Ich meine: Ich hätte ja nicht unbedingt was dagegen, wenn hier irgendwann noch ein anderer Hund einzieht. Aber es muss dann schon klar sein, dass ich die älteren Rechte habe.

Dieses wohl durchdachte Gesamt-Konzept macht Frauchen mir mit ihrer Aktion natürlich jedes Mal völlig zunichte: Als wäre die Saugerei allein nicht schon schlimm genug, geht sie nämlich anschließend auch noch mit einer komischen Fusselbürste über sämtliche Polster und sorgt dafür, dass möglichst viele meiner schönen Mops-Haare im Müll landen. Im Müll! Meine Haare! Stellen Sie sich das mal vor!

Danach sieht es dann – zumindest für ein paar Stunden – so aus, als ob hier überhaupt kein Hund wohnen würde: Die Katze aalt sich völlig unbekümmert auf all den gemütlichen Plätzchen, die ich mir vorher in mühevoller Kleinarbeit reserviert hatte, und für mich geht der ganze Stress von vorn los.

Sie sehen: Ich hab's nicht leicht. Das einzig Tröstliche ist, dass dieser unschöne Zustand immer nur kurz anhält. Wenn ich mich erst mal wieder überall im Haus ausreichend aufgehalten habe, sieht die Welt gleich ganz anders aus.

Am schnellsten und effektivsten geht es, wenn ich mir ein paar von meinen Stofftieren durchs Wohnzimmer werfen lasse. Auch die habe ich nämlich in mühevoller Kleinarbeit mit meinen Haaren gespickt, was sie zu einem optimalen Spuren-Verteilungs-Werkzeug macht. Ein paarmal damit durch die Bude gejagt, und schon ist wieder fast alles beim Alten. Zumindest bis zum nächsten Angriff des fiesen Killer-Staubsaugers.

Der bereitet mir hier im Übrigen das größte Kopfzerbrechen. Weil Frauchen ihn nämlich nicht nur zum Putztag, sondern zum Teil sogar mehrfach die Woche auspackt – ganz nach Bedarf und zu Zeitpunkten, die für mich völlig unvorhersehbar sind. Insofern wäre mir wirklich sehr geholfen, wenn das lärmige Ding einfach auf Nimmerwiedersehen verschwinden würde.

Sollten Sie also einen Staubsauger suchen: Ich hätte einen zu vergeben. Sie würden mir wirklich einen großen Dienst erweisen. Schon klar, Frauchen wird davon anfangs vermutlich nicht so richtig begeistert sein. Aber ich bin ganz sicher: Wenn dieser Staub-Aufwirbler erst mal aus dem Haus ist, wird sie sich mit der Zeit schon daran gewöhnen. Und erkennen, dass das Leben ohne so ein Teil ganz eindeutig nur Vorteile hat. Schließlich ist sie ja eine kluge Frau und kann sich meinen sinnigen Argumenten auf Dauer nicht verschließen.

Ich halte Sie auf dem Laufenden.

Mehr nächste Woche.

Mit mopsigen Grüßen,

Ihr Eddie

Tag auch.

Neulich hat Herrchen mir ein Hundebett gebaut. Im Schlafzimmer habe ich nämlich mein Körbchen öfters mal links liegen lassen und stattdessen in einer Hunde-Transportbox geschlafen (ohne Gittertür natürlich), weil ich die so super höhlenmäßig finde. Nun will Frauchen die Box aber an den Tierschutz spenden, und Herrchen meinte, es müsse etwas Neues für mich her.

Das Ganze ist auch wirklich super geworden. Den halben Sonntag lang hat Herrchen dafür im Keller gestanden, gesägt, geschraubt und geschmirgelt und wirklich an alles gedacht: Neben einer ganz weichen Matratze hat mein neues Bett nämlich auch einen extra niedrigen Einstieg vorn, für kleine Hunde, und sogar eine spezielle Leiste, damit mein Kissen nicht rausrutschen kann. Alles optimal angepasst an Mops-Bedürfnisse also.

Das brachte mich dann auf die Idee, auch die restlichen Möbel im Haus mal einer kritischen Prüfung auf Mops-Tauglichkeit zu unterziehen, und ich muss offen sagen: Da liegt doch noch einiges im Argen.

Zuerst habe ich mich im Schlafzimmer umgeschaut. Ergebnis: Da ist einfach alles viel zu hoch. Auf das Bett zum Beispiel komme ich mit viel Anlauf gerade noch so eben rauf – ob ich das allerdings in zehn Jahren auch noch hinkriege, wage ich doch sehr zu bezweifeln. Auch die Nachttische neben dem Bett sind in Sachen Höhe eine völlige

Katastrophe, was für mich einen großen Nachteil darstellt, weil Frauchen da abends gern mal das eine oder andere Leckerchen hinlegt.

Mit dem restlichen Kram im Haus verhält es sich nicht viel anders: Küchen- und Esszimmer-Tisch beispielsweise stehen auf so langen Beinen, dass ich noch nicht mal aus zwei Metern Entfernung richtig sehen kann, was drauf liegt. Die Stühle sind auch nicht viel besser, und die Küchenanrichte ist im Hinblick auf die mopsige Erreichbarkeit ein echtes Desaster. Ehrlich mal: Irgendwann kriege ich noch Nackenstarre beim Versuch, einen Blick darauf zu erhaschen, was da oben so abgeht.

Selbst der Wohnzimmertisch, der ja von Natur aus ein bisschen niedriger angelegt ist, hat Maße, wie sie blöder nicht sein könnten. Wenn ich mich auf die Hinterbeine stelle, kriege ich gerade so die Vorderpfoten auf die Kante, aber genau an die Mitte, wo immer das leckere Zeug steht, komme ich nicht dran. Wer, bitteschön, denkt sich denn so was aus?

Die Schränke sind auch so ein Thema für sich. Der erste wirklich grundlegende Fehler besteht schon mal darin, dass sie Türen haben, der zweite, dass selbige ohne Daumen unmöglich zu öffnen sind. Vergleicht man nun die Küchenschränke mit den Wohnzimmerregalen, wird sofort klar, dass die gesamte Einrichtung in keiner Weise logisch durchdacht ist: Die Regale nämlich sind offen – was Sinn machen würde, wenn darin beispielsweise Hundefutter oder meine Spielzeuge gelagert würden. Stattdessen stehen da in Reih und Glied Hunderte von Büchern. Im Ernst: Was soll ich denn damit bitteschön anfangen? Denkt Frauchen vielleicht, ich schmökere nachmittags mal gechillt auf dem Sofa in einem alten Dostojewski oder wie?

Jedenfalls finde ich, dass da eindeutig Nachbesserungs-Bedarf besteht.

Die Katze, die mit mir ja ohnehin selten einer Meinung ist, sieht das Ganze natürlich völlig anders. Aber die hat ja auch leicht reden. Wäre ich fähig, aus dem Stand auf einen zwei Meter hohen Kleiderschrank zu hüpfen, würde ich die Sache vermutlich auch gelassener betrachten.

So allerdings muss ich sagen, dass ich mich dem Rest der Familie gegenüber grob benachteiligt fühle. Ich meine: Hallo? – Wir sind schließlich ein Rudel! Da macht es doch nur Sinn, dass man alles gemeinsam unternimmt. Essen zum Beispiel. Wieso, bitteschön, muss denn ich meine Mahlzeiten auf dem Boden einnehmen, während alle anderen es sich am Tisch gemütlich machen? Ehrlich, das entbehrt doch jeglichen Sinns.

Auch die Tatsache, dass ich Frauchen jedes Mal erst fragen muss, wenn sich mein Magen meldet, schafft doch eigentlich nur überflüssigen Aufwand. Hätten die Schränke in der Küche keine Türen, könnte ich mich ganz entspannt selbst bedienen, wenn ich Kohldampf habe. Zugegeben, das kommt ziemlich oft vor, aber ein bisschen Eigenverantwortung darf man mir schon zutrauen. Ich jedenfalls stelle mir das sehr praktisch vor, wenn da einfach schön aufgereiht Kauknochen, Leckerchen und sonstiger Krempel stünden und ich mir jederzeit nehmen könnte, was ich brauche.

Und apropos Türen: Auch die Zimmertüren gehören selbstverständlich abgeschafft – ebenso wie das Gartentörchen und die Haustür. So, wie es jetzt ist, habe ich ja nicht mal den Hauch einer Chance, einfach mal auf eigene Faust loszuziehen und meine Freundin Miley zu besuchen, den Pferden auf der Weide gegenüber „Guten Tag“ zu sagen oder spontan eine Runde um den Block zu drehen. Nein, da muss man jedes Mal erst extra fragen.

Jedenfalls hab ich mir überlegt, dass ich ein langes Gespräch mit Herrchen führen muss, wenn er heute Abend nach Hause kommt. Er hat ja beim Betten-Bau einiges an Talent bewiesen und ich bin überzeugt, den Rest kriegt er auch noch hin.

Als Erstes wäre ich dafür, dass er die Beine sämtlicher Möbel ein gutes Stück kürzt und die Türen von den Schränken entfernt. Das ist ja kein großer Akt. Der Umbau für die Absenkung der Küchenanrichte wird möglicherweise etwas aufwendiger werden, aber Herrchen bastelt ja sehr gern und wird sich sicher freuen, wenn er die kommenden Wochenenden ein bisschen was zu tun hat.

Einzig das Badezimmer kann er von mir aus so lassen. Ich persönlich finde ja diese ganzen Dusch- und Bade-Aktionen ohnehin völlig überflüssig – Sie wissen ja, wie ich so zu Wasser stehe. Es wäre höchstens zu überlegen, ob man die Außenwände von Wanne und Dusche ein bisschen höher zieht. Manchmal nämlich, wenn Frauchen und Herrchen im Bad sind, kriege ich auch ein paar Tropfen ab. Muss ja nun wirklich nicht sein, oder?

Aber ich will Herrchen jetzt auch nicht überfordern. Mein Vorschlag zur Güte in Sachen Bad wäre deshalb: Wir schließen es einfach ab und werfen den Schlüssel weg. – Okay?

Mehr nächste Woche.

Mit mopsigen Grüßen,

Ihr Eddie

29. Welt-Dingens-Tag

Tag auch.

Ich finde ja Feiern an sich eine gute Sache. Geburtstage zum Beispiel sind eine prima Erfindung – man kriegt Extra-Leckerchen und Geschenke und überhaupt haben einen alle ganz lieb. Mit Weihnachten ist es ähnlich. Es geht schwer feierlich zu, die Familien kommen zusammen, es gibt tolles Essen, und im Optimalfall sind alle ganz besonders nett zueinander.

So betrachtet, war es ursprünglich auch sicher keine schlechte Idee, einfach mal ein paar Tage mehr im Jahr einzuführen, an denen man Grund zum Feiern hat. Mütter beispielsweise kann man ja aus meiner Sicht nicht genug feiern, weshalb ein Muttertag irgendwie Sinn macht. Vatertag: dito. Und auch wenn die Erfindung des Valentinstags immer wieder fälschlich den Blumenhändlern angehängt wird, finde ich es eigentlich eine echt schöne Sache, dass sich jedes Jahr am 14. Februar Millionen Leute auf der Welt liebe Grüße senden. Schließlich bin ich, auch bei aller Coolness, ein schwer romantischer Typ.

Inzwischen allerdings greift die Sache mit diesen Welt-Dingens-Tagen ziemlich um sich. Und aus Mops-Sicht, muss ich sagen, kann ich da nicht wirklich allem einen Sinn abgewinnen.

Im Mai zum Beispiel gibt es einen „Tag der Sonne“, was ich selbstverständlich begrüße – schließlich ist ja so ein warmer Tag auf der Terrasse nun wirklich nicht zu verachten, und wenn Sie mich fragen, hat die Sonne es durchaus verdient, dass man ihr dafür einen eigenen Tag gönnt. Auch den „Weltknuddeltag“ kann ich noch irgendwie nachvollziehen – obwohl Knuddeln natürlich überall und täglich ausgiebig stattfinden sollte. Aber es schadet ja nicht, darauf noch mal mit einem extra Tag hinzuweisen. Ebenso begrüße ich als erklärter Freund des Waldes natürlich den "Tag des Baumes", außerdem den "Welttierschutztag" und all die Tage, die zum Beispiel auf schlimme Krankheiten oder fiese politische Ungerechtigkeiten hinweisen, auch wenn ich es persönlich mit Politik eher nicht so habe.

Bei einigen anderen dieser Welt-Dingens-Tage stellt sich mir allerdings zwangsläufig die Frage, was deren Erfinder sich dabei wohl bitte gedacht haben mögen: Der tiefere Sinn eines „Welttags der Jogginghose“ zum Beispiel erschließt sich mir nur sehr begrenzt, und das nicht nur deshalb, weil ich selbst keine Jogginghosen trage. Auch der „Hast du gepupst?-Tag“ lässt bei mir keine richtig feierlichen Gefühle aufkommen, ebenso wie der „Tag zu Ehren der Zahl Pi“. Und obwohl ich ja prinzipiell ein wirklich großer Freund von Essen bin, ist es aus meiner Sicht doch ein wenig übertrieben, gleich einen „Weltkrokettentag“ oder einen „Tag der Tiefkühlkost“ auszurufen.

Hervorragend belegen lassen sich Sinn und Unsinn dieser Welttage an zwei Beispielen, die ich hier jetzt einfach mal völlig willkürlich ausgewählt habe.

Heute beispielsweise ist "Weltfrauentag". Und ehrlich: Das finde ich eine prima Sache. Ich kann hier jetzt zwar keine schwer intellektuellen Ergüsse über Emanzipation und Frauen-Rechte von mir geben, weil ich davon nicht so viel Ahnung habe. Aber ich finde: Frauen sind toll.

Ich kenne zwar nicht alle Frauen auf der Welt persönlich, habe bislang aber ausschließlich positive Erfahrungen mit ihnen gemacht. Die meisten Frauen zum Beispiel haben ein riesengroßes Herz für Hunde und sind jederzeit bereit, einem die Ohren oder den Nacken zu kraulen. Außerdem zaubern die Frauen, denen ich tagtäglich begegne, überdurchschnittlich häufig ganz unerwartet leckere Sachen aus der Tasche, was sie mir ungeheuer sympathisch macht. Auch meine bezaubernde Freundin Miley ist eine Frau, ebenso wie das beste Frauchen von allen und ein ganz, ganz großer Teil meiner Leser auch – was ja schon für sich genommen einen eigenen Welttag rechtfertigen würde.

Verglichen damit, habe ich im Hinblick auf den „Weltkatzentag" wirklich große Bedenken. Ich habe diesem absurden Tag ja schon mal eine eigene Kolumne gewidmet (siehe Kapitel 2 dieses Buchs), möchte das Thema hier zu Vergleichszwecken aber noch mal kurz anschneiden: Auch die Katzen auf der Welt sind mir nicht alle persönlich bekannt. Dafür kenne ich aber Frau Kratzbürste, mit der ich immerhin unter einem Dach lebe, und noch ein paar Katzen aus der Nachbarschaft, die gern mal ungefragt in meinem Garten rumstreunen.

Die Katzen, die ich kenne, haben *kein* großes Herz für Hunde. Unsere zum Beispiel beißt mir bekanntlich regelmäßig in den Hintern oder haut mir gerne mal eins hinter die Ohren, falls ich zufällig in praktischer Erreichbarkeit an ihrem Sessel vorbeikomme. Auch von den Katzen aus der Nachbarschaft kassiere ich im besten Fall totale Ignoranz, wesentlich öfter aber ein höchst unfreundliches Fauchen, mit dem man mir deutlich signalisiert, schnellstens das Weite zu suchen, falls mir meine Gesundheit lieb und teuer ist.

Überflüssig zu erwähnen, dass man als Hund von Katzen auch in Sachen Leckerchen nichts zu erwarten hat und dass selbstverständlich keine einzige davon je Anstalten gemacht hat, mich zu streicheln oder mir sonstige liebevolle Behandlungen zukommen zu lassen. Ganz ehrlich: Ich weiß nicht, wer sich für Katzen den Begriff „Samtpfote" ausgedacht hat, aber ich habe den dringenden Verdacht, dass es der Erfinder des „Hast du gepupst?-Tags" gewesen sein könnte.

Bei alldem lobe ich mir den „Weltnichtstag". Ich bin mir nicht völlig sicher, ob man da nun das „Nichts" selbst feiert oder eher die Tatsache, dass man mal ausnahmsweise nichts feiern muss. So oder so ist mir das aber wesentlich lieber, als ein Partyhütchen aufzusetzen und Luftschlangen für Frau Kratzbürste durch die Gegend zu pusten oder ihr – bloß weil gerade „Weltkatzentag" ist – auch noch lächelnd meinen Kauknochen überlassen zu müssen.

Da meine bisherigen Bemühungen zur Abschaffung des „Weltkatzentags" allerdings unerfreulicherweise im Sand verlaufen sind, habe ich beschlossen, den „Weltnichtstag" für mich persönlich einfach umzuwidmen. Zum „Nicht-Weltkatzentag“ nämlich, sozusagen als Ausgleich.

Künftig also werde ich am 8. August weder das „Nichts“ noch die Tatsache feiern, dass ich nichts feiern muss, sondern vielmehr, dass an diesem Tag eben *kein* "Weltkatzentag" ist. Was ihn übrigens zu einem optimalen "Welthundetag" machen würde.

Den wiederum gibt es zwar eigentlich schon – und zwar im Oktober. Aber wenn sogar die Jogginghose und die Kroketten eigene Tage kriegen, können Hunde schließlich ruhig auch zwei haben, oder? – Na, eben.

Mehr nächste Woche.

Mit mopsigen Grüßen,

Ihr Eddie

Tag auch.

Die heutige Kolumne ist die insgesamt 30. in Folge, und obwohl ich ja mit „Eddie's Weekly – hundsgemein(t)e Mopskolumnen“ erst letzten Sommer an den Start gegangen bin, passt das, wie ich finde, ganz gut dazu, dass ich jetzt ziemlich genau drei Jahre bei Frauchen und Herrchen lebe. Und weil man schließlich auch als Hund die eigenen Ziele nie aus den Augen verlieren sollte, habe ich mir überlegt, dass das doch eine optimale Gelegenheit ist, mal ein bisschen Bilanz zu ziehen.

Als Allererstes sei natürlich erwähnt, dass ich es hier insgesamt richtig super angetroffen habe – weshalb heute auf jeden Fall ein Tag zum Feiern ist. Ich weiß nicht, ob Sie's schon wussten, aber ich komme ja aus dem Tierheim. Und obwohl die sich da echt nett um mich gekümmert haben, muss ich schon zugeben, dass ich verdammt froh war, als Frauchen mich dort entdeckte und beschloss, mich nie mehr herzugeben.

Ehrlich: Frauchen und ich, wir waren von Anfang an ein Herz und eine Seele. Besonders toll ist natürlich, dass sie die allermeiste Zeit von zu Hause aus arbeitet, weshalb ich hier so gut wie nie allein sein muss. Egal, was sie macht: Ich bin an ihrer Seite – und das ist einfach klasse.

Auch Herrchen ist ein super Typ. Besonders toll finde ich natürlich, dass er es mit manchen der Regeln, die Frauchen für mich aufgestellt hat, nicht so besonders genau nimmt – auch wenn ihm das manchmal Ärger mit ihr einbringt. Außerdem ist er ein toller Hundemöbel-Bauer und hat mir erst neulich ein geniales Bett gezimmert, was ich natürlich spitzenmäßig finde.

Neben Frauchen und Herrchen selbst hat mein Zuhause auch sonst sehr viele Vorzüge zu bieten: Zum Beispiel haben wir einen Garten, der zwar klein, aber mein ist, und eine Terrasse, auf der ich mich, wenn es warm ist, den ganzen Tag in der Sonne aalen kann. Selbst die Tatsache, dass ich einen etwas empfindlichen Magen habe und am Anfang oft zum Tierarzt musste, hat sich im Nachhinein als ein echter Gewinn für mich herausgestellt: Frauchen versorgt mich jetzt deshalb nämlich dauerhaft mit drei regelmäßigen Mahlzeiten pro Tag, was schon ziemlich nah am Optimum ist.

Auch was die Regeln hier im Haus angeht, habe ich über die Jahre schon einige Erfolge für mich verbuchen können. Frauchen zum Beispiel war ursprünglich der seltsamen Ansicht, dass ich nicht aufs Sofa dürfe. Sie und ich wissen natürlich, dass allein schon die Idee völliger Humbug ist, aber Frauchen hat ja manchmal so komische Einfälle.

Man muss aber sagen, dass ich sie dann doch ziemlich schnell vom Gegenteil überzeugen konnte: Ein paar zuckersüße Welpenblicke von mir – schließlich war ich da gerade ein halbes Jahr alt – und schon schmolz sie dahin. Als vor einiger Zeit die neuen Sofas kamen, hatte sie dann zwar noch mal einen kurzen Rückfall, aber auch der dauerte nur einen halben Abend. Außerdem konnte ich sie dazu überreden, eins der beiden alten Sofas als Hunde-

Couch zu behalten und vor dem Kamin aufzustellen, was natürlich auch ein echter Fortschritt war.

Das alles vorausgeschickt, muss man trotz aller Begeisterung allerdings eingestehen, dass einige meiner Projekte hier bislang noch nicht ganz so erfolgreich laufen, wie ich das geplant hatte. Zum Beispiel hat man – trotz meiner bekannten Abneigung gegen Wasser – diesen unsäglichen Teich gleich vor meine Haustür gesetzt. Und obwohl ich einmal sogar in dieses miefige Wasserloch gefallen bin, weigern sich Frauchen und Herrchen noch immer standhaft, das Teil wieder zuzuschütten. Geht natürlich gar nicht.

Auch mein Vorschlag, sämtliche Möbel ein Stück abzusenken und alle Schranktüren zu entfernen, damit ich auch als Mops überall drankomme und mich nach Herzenslust an Spielzeug und Leckerchen bedienen kann, ist leider noch nicht auf wirklich fruchtbaren Boden gestoßen. Und auch meine Idee, die Haus- und Zimmertüren abzuschaffen, damit ich einfach mal spontan losziehen und meine Freundin Miley besuchen kann, wurde noch immer nicht in die Tat umgesetzt. Obwohl meine Argumentation in dieser Angelegenheit durch und durch schlüssig war, haben die beiden darauf nur mit Kopfschütteln reagiert. Wenn ich mich nicht ganz täusche, haben sie sogar heimlich geschmunzelt, was ich doch ein wenig unhöflich finde.

An der Bett-Front läuft es ebenfalls noch immer nicht nach Wunsch: Ich habe zwar nichts unversucht gelassen, aber dennoch bleibt es bislang dabei, dass ich im Körbchen neben dem Bett nächtige – was auf

Dauer natürlich ein unhaltbarer Zustand ist. Seit einer Weile verzeichne ich in der Sache aber erste Fortschritte: Manchmal darf ich inzwischen morgens oder abends wenigstens kurz zum Kuscheln rauf. Es kann also nur eine Frage der Zeit sein, bis Frauchen und Herrchen diese völlig sinnlose Regelung gänzlich aufgeben.

Mehr als unzufrieden bin ich dagegen noch immer im Hinblick auf die vierte Bewohnerin des Hauses. Sie ahnen es: Die Rede ist von Frau Kratzbürste. Als ich einzog, dachte ich, wir würden super Kumpel. Sie allerdings sah das von Anfang an anders. Nicht nur, dass sie sich nicht für mich interessiert und sich standhaft weigert, mit mir zu spielen – nein, sie greift manchmal sogar zu körperlicher Gewalt.

Natürlich könnte ich ihr jederzeit zeigen, wie der Hase läuft. Aber da sie inzwischen so alt ist, dass sie vermutlich schon bei der Erfindung des Feuers persönlich zugegen war, halte ich mich meistens zurück – man will ja nicht unhöflich sein. Sogar mein Mond-Bett habe ich ihr großzügig überlassen, doch auch das scheint das Herz von Frau Katze nicht zu erweichen.

Neulich habe ich ihr dann mal einen Denkzettel verpasst und mich einfach auf das unterste Podest ihres neuen Katzen-Aussichtsturms gesetzt. Ehrlich, da hat sie ganz schön doof geguckt. Seither ist sie schwer beleidigt und würdigt mich keines Blickes mehr – was aber immerhin schon mal besser ist, als permanent von ihr in den Hintern gebissen zu werden.

Zusammenfassend sind die Zustände bei mir zu Hause also zwar schon extrem nah am Optimum – und natürlich kann ich gar nicht genug betonen, wie froh ich bin, dass Frauchen und Herrchen mich hier aufgenommen haben. Aber: Es bleibt immer noch Spielraum für kleine Verbesserungen.

Zusätzlich zu den oben erwähnten Projekten, die ich langfristig natürlich weiter verfolgen werde, erreichen mich auch immer wieder hochinteressante Vorschläge meiner Leser, die unbestreitbar ein paar Überlegungen wert sind: Eine regte neulich zum Beispiel an, dass ich bei Frauchen doch mal einen Liegestuhl fürs Wohnzimmer beantragen soll – damit ich drinnen auch bei schlechtem Wetter sommerlich relaxen kann. Die Idee, Kufen unter mein Holzbett zu montieren und es zum Schlitten umzufunktionieren, damit ich bei Tiefschnee keine kalten Füße mehr bekomme, werde ich bei Herrchen ebenfalls anbringen, sobald die Gelegenheit günstig ist. Und auch der Gedanke einer Leserin, im Wohnzimmer einen Schlecht-Wetter-Baum aufzustellen, falls die Not einmal besonders groß und die Außentemperatur richtig garstig sein sollte, finde ich rundum gut. Was das angeht, werde ich für die Diskussionen mit Frauchen zwar vermutlich einen langen Atem benötigen. Aber wer als Mops Perfektion anstrebt, darf nun mal nicht zimperlich sein.

Sie sehen, die Arbeit wird mir hier vorläufig nicht ausgehen. Zugegeben: Die Umsetzung einiger meiner Träume scheint ehrgeizig bis schwierig, wenn nicht fast unmöglich. Und gerade die Verwirklichung meines allergrößten Wunschs überhaupt – dass

Frauchen und Herrchen endlich eine gemeinsame WG mit den Besitzern meiner Mops-Traumfrau Miley gründen – wird vermutlich noch einiges an Überredungskünsten erfordern.

Aber ich werde mich keinesfalls geschlagen geben. Erstens mal habe ich als Mops einen sprichwörtlich dicken Schädel. Und zweitens darf man nicht vergessen, dass ich als Kolumnist schließlich auch eine gewisse Vorbild-Funktion für andere Hunde habe. Und was würden die denken, wenn ich einfach aufgäbe? – Eben. Also: Ich bleibe dran. Unermüdlich. Auch die nächsten Jahre. Und halte Sie natürlich weiter auf dem Laufenden.

Mehr nächste Woche.

Mit mopsigen Grüßen,

Ihr Eddie

Eddies Abenteuer gehen weiter:

„Eddie's Weekly – hundsgemein(t)e Mopskolumnen"
finden Sie wöchentlich neu auf
www.gerritjekrieger.jimdo.com

Besuchen Sie Eddie auch auf Facebook und Twitter:

www.facebook.com/EddiesWeekly.Mopskolumnen
www.twitter.com/EddieMops

4615959R00096

Printed in Germany
by Amazon Distribution
GmbH, Leipzig